Avignon
1861

Apulée, Hoffmann, Walter Scott, Byron, Uhland, Aikin, Charles Nodier, Germaine de Staël

Contes Fantastiques

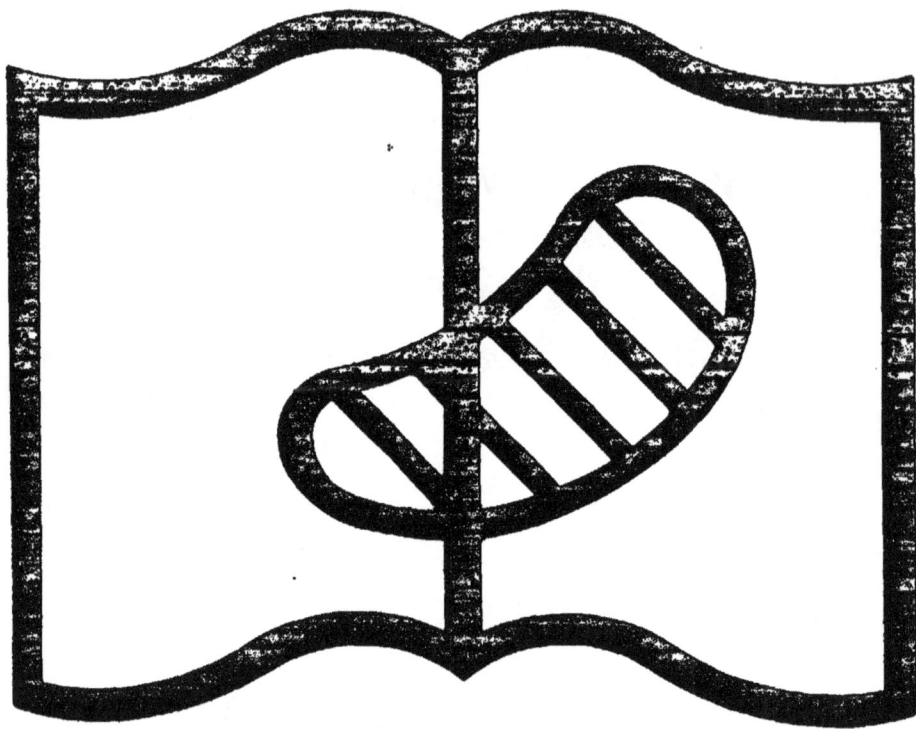

**Symbole applicable
pour tout, ou partie
des documents microfilmés**

Original illisible

NF Z 43-120-10

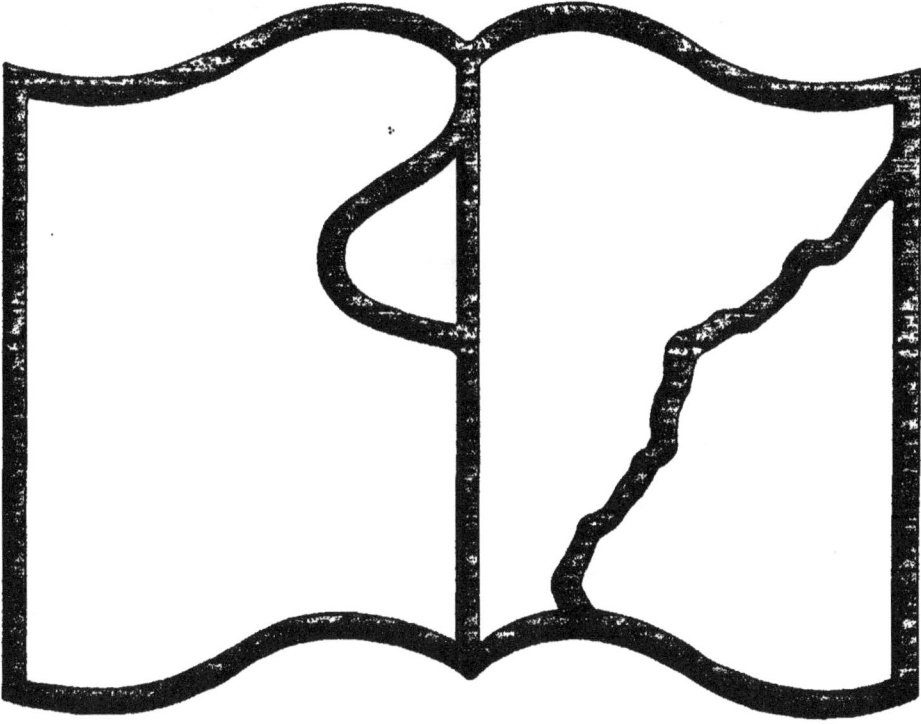

**Symbole applicable
pour tout, ou partie
des documents microfilmés**

Texte détérioré — reliure défectueuse

NF Z 43-120-11

CONTES
FANTASTIQUES

PAR

**Apulée — Hoffmann — Walter Scott — Byron
Uhland, etc.**

AVIGNON

AMÉDÉE CHAILLOT ÉDITEUR

Place du Change 8

CONTES

FANTASTIQUES

CONTES
FANTASTIQUES

PAR

Apulée — Hoffmann — Walter Scott — Byron
Uhland, etc.

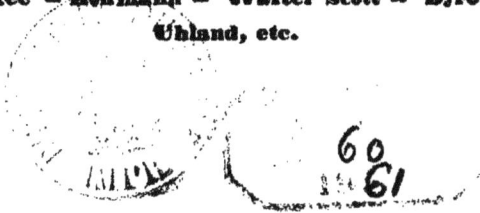

AVIGNON

AMÉDÉE CHAILLOT ÉDITEUR

Place du Change 5

CONTES
FANTASTIQUES

———

LA MAGICIENNE
DE THESSALIE

Conte tiré de l'Ane d'or d'Apulée

J'allais pour quelques affaires en Thessalie, contrée dont je suis originaire par ma mère, qui descend du grand historien Plutarque. (*) J'avais voulu parcourir seul et dans les heures impo-

———

(*) Ch. Nodier a imité des passages de l'Ane d'Or dans son *Smarra*: nous lui en empruntons quelques-uns qui augmenteront le charme de cette narrati n. On les reconnaitra facilement.

santes de la nuit cette forêt fameuse par les pres-
tiges des magiciennes, qui étend de longs rideaux
d'arbres verts sur les rives du Pénée. Les ombres épaisses qui s'accumulaient sur le dais immense des bois laissaient à peine échapper, à
travers quelques rameaux plus rares, dans une
clairière ouverte sans doute par la cognée du
bûcheron, le rayon tremblant d'une étoile pâle
et cernée de brouillards. Mes paupières appesanties se rabaissaient malgré moi sur mes yeux
fatigués de chercher la tache blanchâtre du sentier qui s'effaçait dans le taillis ; et je ne résis-
tais au sommeil qu'en suivant, d'une attention
pénible, le bruit des pieds de mon cheval, qui
tantôt faisaient crier l'arène, et tantôt gémir
l'herbe sèche en retombant symétriquement sur
la route. S'il s'arrêtait quelquefois, réveillé par
son repos, je le nommais d'une voix forte et je
pressais sa marche devenue trop lente au gré
de ma lassitude et de mon impatience. Étonné
de je ne sais quel obstacle inconnu, il s'élançait
par bonds, roulait dans ses narines des hennis-
sements de feu, se cabrait de terreur et reculait
plus effrayé par les éclairs que les cailloux brisés
faisaient jaillir sous mes pas.

Je sortis enfin de cette forêt redoutable, bien
près de partager les terreurs mystérieuses qui
agitaient mon cheval. Je mis pied à terre, je le
débridai, je frottai soigneusement tout son corps

qui ruisselait de sueur, et je le menai au pas.
Chemin faisant, il arrachait de côté et d'autre
quelques bouchées d'herbes le long des prés qui
bordaient la route. Nous atteignîmes deux hommes qui marchaient devant nous, et prêtant l'o-
reille à leurs discours, j'entendis l'un dire à l'autre
en éclatant de rire : — De grâce, cesse de me
faire des contes aussi ridicules. Ma curiosité fut
excitée par ces paroles. — Pardon, leur dis-je, si
je vous prie de me dire ce qui excite ainsi votre
hilarité. Je suppose qu'il n'y a point de secret,
et si vous voulez m'admettre à écouter vos récits,
vous m'aiderez à monter plus aisément le côteau
qui se présente devant nous, car ma fatigue est
grande.

Sans me répondre, celui qui venait de parler
continua d'exprimer son incrédulité. — Vous
avez tort, lui dis-je, de vous opiniâtrer à rejeter
ce qui est peut-être très véritable. Bien des
choses passent pour impossibles, parce qu'on ne
peut pas les expliquer, et qui sont peut-être très
vraies. Je vous dirai qu'un soir, étant en compagnie, nous mangions un gâteau ; j'en voulus
avaler un morceau un peu trop gros, qui s'atta-
chant à mon gosier, m'ôta presque la respiration
et me mit à deux doigts de la mort. Cependant
j'ai vu depuis lors à Athènes, devant le portique
Pœcile, un charlatan qui avalait une épée par la
pointe, et qui, pour très peu de chose qu'on lui

donnait, s'enfonçait par la bouche un épieu jusqu'au fond des entrailles, en sorte que le fer lui sortait par les aînes et la hampe par la nuque du cou, au bout de laquelle paraissait un enfant beau et gracieux, qui dansait et se pliait, avec autant de souplesse que s'il n'avait eu ni os ni nerfs, de manière à faire l'admiration de tous les spectateurs. Mais tout cela n'est rien en comparaison d'autres merveilles qu'on m'a données comme réelles. On m'a dit qu'il existe dans la nature des forces mystérieuses et inconnues qui produisent des effets magiques, qui font marcher des chars sans chevaux pour les traîner, qui fixent sur un miroir les traits de celui qui s'y regarde, qui transmettent dans un instant la pensée d'Athènes à Rome. Ainsi donc, vous pouvez raconter librement devant moi les événements qui font sourire d'incrédulité votre compagnon de voyage, vous trouverez en moi un auditeur plus disposé que lui à croire à vos paroles. A la première hôtellerie, j'espère vous prouver, en vous régalant, combien vous m'aurez fait plaisir.

— J'accepte votre offre, me répondit-il, mais avant tout je vous jure que je ne vous dirai rien que de très certain, et vous n'en douterez plus si vous allez à Larisse, où cette aventure s'est passée sous les yeux de tout le monde. Il y a quelques années, des affaires m'y rappe-

lèrent ; quand je les eus terminées, je me rendis
le soir aux bains publics, pour me délasser de
mes fatigues. Avez-vous jamais vu à Athènes, le
long des murs du Céramique, lorsqu'ils sont
frappés, les premiers jours de l'année, par les
rayons du soleil qui régénère le monde, une longue suite d'hommes hâves, immobiles, aux joues
creusées par le besoin, aux regards éteints et
stupides : les uns accroupis comme des brutes,
les autres debout mais appuyés contre les piliers
et fléchissant à demi sous le poids de leur corps
exténué ? Les avez-vous vus la bouche entr'ouverte pour aspirer encore une fois les premières
influences de l'air vivifiant, recueillir avec une
morne volupté les douces impressions de la tiède
chaleur du printemps ? Le même spectacle vous
aurait frappé dans les murailles de Larisse, car
il y a des malheureux partout : mais ici le malheur porte l'empreinte d'une fatalité particulière
qui est plus dégradante que la misère , plus
poignante que la faim, plus accablante que le
désespoir. Ces infortunés s'avancent lentement
à la suite les uns des autres, et marquent entre
tous leurs pas de longues stations, comme des figures fantastiques disposées par un mécanicien
habile sur une roue qui indique les divisions du
temps. Ces spectres vivants n'ont conservé presque rien d'humain. Leur peau ressemble à un
parchemin blanc tendu sur des ossements. L'or-

bite de leurs yeux n'est pas animé par une seule étincelle de l'âme. Leurs lèvres pâles frémissent d'inquiétude et de terreur, ou, plus hideuses encore, elles roulent un sourire dédaigneux et farouche, comme la dernière pensée d'un condamné résolu qui subit son supplice. La plupart sont agités de convulsions faibles, mais continues. Les plus à plaindre de tous, vaincus par la destinée qui les poursuit, sont condamnés à effrayer à jamais les passants de la repoussante difformité de leurs membres noués et de leurs attitudes inflexibles. Cependant cette période de leur vie qui sépare deux sommeils est pour eux celle de la suspension des douleurs qu'ils redoutent le plus. Victimes de la vengeance des Sorcières de Thessalie, ils retombent en proie à des tourments qu'aucune langue ne peut exprimer, dès que le soleil, prosterné sous l'horizon occidental, a cessé de les protéger contre les redoutables souveraines des ténèbres. Voilà pourquoi ils suivent son cours trop rapide, l'œil toujours fixé sur l'espace qu'il embrasse, dans l'espérance toujours déçue, qu'il oubliera une fois son lit d'azur, et qu'il finira par rester suspendu aux nuages d'or du couchant. A peine la nuit vient les détromper, qu'un murmure formidable s'élève parmi eux, leurs dents claquent de désespoir et de rage, ils se pressent et s'évitent de peur de trouver partout des sorcières et

des fantômes. Il fait nuit !...... et l'enfer
va se r'ouvrir.

Il y en avait un entr'autres, dont toutes les ar-
ticulations criaient comme des ressorts fatigués,
et dont la poitrine exhalait un son plus rauque
et plus sourd que celui de la vis rouillée qui
tourne avec peine dans son écrou. Mais quelques
lambeaux d'une riche broderie qui pendaient
encore à son manteau, un regard plein de tristesse et de grâce qui éclaircissait de temps en temps
la langueur de ses traits abattus, je ne sais quel mé-
lange inconcevable d'abrutissement et de fierté, le
faisaient remarquer dans la foule de ses miséra-
bles compagnons. C'était un de mes amis, ce
Socrate que j'avais tant pleuré, Socrate encore
vivant, mais conservé pour une existence si
horrible que les larves et les spectres de l'enfer
se consolent entr'eux en se racontant ses douleurs;
Socrate tombé sous l'empire des Sorcières de
Thessalie et des démons qui composent leur cortège dans les solennités, les inexplicables solennités de leurs fêtes nocturnes. — Cher Socrate,
lui dis-je, en quel état te vois-je ? Ta famille a déjà
pris le deuil de ta mort, des tuteurs ont été nom-
més à tes enfants, et ta femme est contrainte par
ses parents à faire succéder, malgré sa douleur, à
la tristesse de ta maison, les réjouissances d'une
nouvelle nôce, tandis que tu vis ici, plus semblable à un spectre qu'à un homme !

Il s'arrêta, chercha longtemps d'un regard étonné à lier un souvenir à mes traits, se rapprocha de moi à pas inquiets et mesurés, toucha mes mains d'une main palpitante qui tremblait de les saisir, et après m'avoir enveloppé d'une étreinte subite que je ne ressentis pas sans effroi, après avoir fixé sur mes yeux un rayon pâle qui tombait de ses yeux voilés : — Aristomène! s'écria-t-il avec un rire affreux. — Tu te souviens de notre ancienne amitié ? — Dans un autre monde, dit-il en baissant la voix; je m'en souviens, c'était dans un autre monde, dans une vie qui n'appartenait pas au sommeil et à ses fantômes!... — Que dis-tu de fantômes?... — Regarde, répondit-il en étendant le doigt dans le crépuscule !... Les voilà qui viennent.

Je l'entraîne avec moi, je le fais entrer dans le bain, et après de grandes ablutions pour nettoyer son corps couvert d'une hideuse malpropreté, je le fais revêtir d'habits convenables. Je l'aide à marcher, et je l'emmène à mon hôtellerie avec bien de la peine, je le force à manger et à boire et ensuite le fais mettre au lit. Là je tâche de dissiper sa noire mélancolie, et de le réjouir par d'agréables discours. La conversation commençait déjà à tourner à la plaisanterie, nous étions en train de dire des bons mots et de railler, lorsque poussant un soupir douloureux du fond de sa poitrine, et se frappant le visage : — Mal-

heureux que je suis ! s'écria-t-il, pour avoir en
la curiosité d'aller à un fameux spectacle de
gladiateurs, je suis tombé dans le déplorable
état où vous m'avez trouvé. En allant à Larisse
pour assister à ces jeux terribles, je fus assailli
dans un désert par une troupe de voleurs qui
me dépouillèrent de tout. Dans ce dénûment
absolu, je trouvai asile chez une femme nom-
mée Méroë. Puisse ce jour avoir été le dernier
de ma vie, car il fut le commencement de mes
malheurs. Maudits soient les liens qui m'ont attaché à cette femme. Elle m'a ensorcelé et m'a
réduit à l'état affreux où vous me voyez. — Comment, lui dis-je, avez-vous pu oublier auprès
de cette malheureuse votre femme et vos enfants?
— Taisez-vous, me dit-il avec effroi, en mettant un doigt sur sa bouche, et regardant de tous
côtés de peur qu'on ne l'entendît ; gardez-vous
bien de mal parler d'une femme douée d'un
pouvoir surnaturel , car elle saurait se venger
cruellement d'une légère injure. C'est une magicienne à qui rien n'est impossible, qui peut
abaisser les cieux, élever la terre, solidifier les
eaux, et liquéfier les montagnes, faire tomber les
astres du ciel, évoquer les âmes des morts, et
pénétrer jusqu'au fond des enfers. — Quittez,
lui dis-je ce style tragique, baissez la toile, et
parlez le langage des simples mortels.

    --- Eh bien ? je vais vous dire quelques actes

1.

de cette femme redoutable, qui se fait craindre
et respecter non seulement des habitants de ce
pays, mais encore des Indiens, des Éthiopiens
et de la plupart des peuples de la terre. Elle a
changé un homme en castor, elle a transformé
en grenouille un vieux cabaretier de son voisinage, et maintenant ce vieillard nage dans un de
ses tonneaux, et s'enfonçant dans la lie, il appelle
ses anciens chalands d'une voix rauque, le plus
affectueusement qu'il peut. Pour se venger d'un
avocat qui avait plaidé contre elle, elle l'a changé en bélier, et tout bélier qu'il est, il avocasse
encore.

Par tous ces méfaits, la magicienne excita à
un tel point l'indignation et la haine du public
qu'on décida de la lapider le lendemain ; mais,
par la force de son art, elle se rit des desseins
de ses ennemis. Elle enferma par ses enchantements tous les habitants dans leurs maisons, de
sorte que pendant deux jours entiers, il leur
fut impossible d'en enfoncer les portes, d'en a-
battre les murs, et même de les percer. Enfin,
tous la supplièrent en gémissant de rompre
le charme ; ils lui protestèrent avec serment
que jamais ils ne formeraient aucun complot
contre sa personne, et lui promirent de la protéger et de la défendre envers et contre tous.
Apaisée par ces prières, elle remit toute la ville
en liberté, excepté celui qui avait été le promoteur

du complot. La magicienne le transporta pendant la nuit avec sa maison toute entière, les murs, les toits et les fondements, dans une ville bâtie sur une haute montagne, et comme il n'y avait pas place dans l'intérieur pour cette nouvelle maison, elle la planta devant la porte de la ville et se retira chez elle.

— Tout ce que vous me racontez là, mon cher Socrate, lui dis-je, m'inspire une grande crainte de cette femme. Je tremble que par son art elle ne vienne à savoir ce que nous disons d'elle, et ne s'en venge. Couchons-nous donc de bonne heure et après avoir un peu reposé, fuyons de ces lieux avant le jour, et mettons la plus grande distance possible entr'elle et nous. Pendant que je donnais ce bon conseil, Socrate qui avait bu un peu plus que de raison, s'était endormi et ronflait de toutes ses forces. Je fermai la porte au verrou, je mis mon lit contre la porte, et je me jetai dessus. La peur m'empêcha de dormir pendant quelque temps, mais enfin elle céda au besoin du sommeil.

A peine étais-je endormi, que la porte poussée avec fracas comme si on l'enfonçait, sort de ses gonds brisés et tombe. Mon lit qui était fort petit et dont l'un des pieds était vermoulu, se renverse, et je me trouve dessous étendu sur le plancher, la face contre terre, recouvert de mes matelas et de mes planches, comme une tortue par sa carapace. Malgré ma frayeur, et ma position gênée, je cherche à être témoin de la suite de cette aventure. Je vois entrer deux vieilles femmes ; la première portait un flambeau allumé et l'autre une éponge et un poignard. Elles s'approchent du lit de Socrate qui dormait profondément. Celle qui tenait le poignard dit à sa compagne : — Ma sœur Panthée, voici mon cher Endymion, voici mon Ganymède, celui qui non seulement me diffame par ses discours, mais médite encore sa fuite ; et moi malheureuse, abandonnée comme Calypso par Ulysse, je passerai le reste de ma vie dans les regrets et dans les pleurs. Puis me montrant de la main à sa sœur : — Pour Aristomène, dit-elle, ce donneur de bons conseils, qui le pousse à cette fuite, le voilà à deux doigts de la mort, étendu par terre sous son lit, croit-il qu'il m'aura impunément offensée ? Je saurai le faire repentir de la manière dont il a parlé de moi, et de la curiosité avec laquelle il nous regarde.

A ces paroles, une sueur froide me glaça tout le corps, ; et je fus saisi d'un tremblement si violent que le lit qui était sur mon dos en était tout agité. — Que ne commençons-nous donc par mettre celui-ci en pièces à la manière des bacchantes, dit charitablement à sa sœur la bonne Panthée. Meroë, car je la reconnaissais à la peinture que Socrate m'en avait faite, et aux moyens par lequel elle s'était introduite dans notre chambre, Méroë lui répondit : — Non, laissons-le vivre, afin qu'il couvre d'un peu de terre le corps de ce misérable. Ensuite ayant d'une main renversé en arrière la tête de Socrate, elle lui plonge son poignard dans la gorge jusqu'au manche, et recueille avec tant de soin dans un petit vase le sang qui coule à flots de la blessure, qu'il ne s'en épanche pas une seule goutte.

Ce spectacle me glaça d'horreur et d'effroi. Ce qui mit le comble à mon épouvante, c'est que la sorcière élargit la blessure, y plongea la main et le bras, et alla arracher du fond de la poitrine le cœur de mon pauvre camarade. De rauques gémissements s'échappèrent alors de cette plaie béante, et mon ami rendit l'âme avec son sang. Panthée boucha cette large blessure avec l'éponge qu'elle avait apportée, et prononça ces paroles : — Éponge, née dans la mer, garde-toi de passer par la rivière. Dès que ces paroles mystérieuses eurent été prononcées, les deux sorcières sortirent.

Au même instant la porte se redressa sur ses gonds qui reprirent leur place, et elle se ferma d'elle-même aux verroux. Tremblant de frayeur et de froid, je me débarrassai de mon lit qui m'écrasait, et je me mis à réfléchir à la scène affreuse dont je venais d'être le témoin. — Que sera-ce de moi, me dis-je, quand demain matin

on trouvera cet homme égorgé à côté de moi
sans que j'aie fait un effort pour le défendre ,,
sans que j'aie reçu une égratignure , sans que
j'aie poussé un cri pour appeler du secours ? On
égorge un homme à tes yeux et tu ne dis mot ?
va-t-on me dire. Ce sont deux vieilles femmes
qui commettent ce crime , et toi , grand et fort
comme tu es , tu n'essaies pas de t'y opposer ?
Pourquoi, si tu n'étais pas assez fort, ne t'a-t-on
fait aucun mal ? Pourquoi a-t-on laissé vivre un
témoin dont il fallait à tout prix se débarrasser ?
Que d'invraisemblances dans le récit que tu fais
pour cacher ton crime ! va, c'est toi qui es le
coupable ! voilà ce qu'on me dira.

La nuit s'écoulait, et le jour qui allait bientôt
paraître devait montrer aux yeux de tous le
crime qu'on devait naturellement m'attribuer.
Je jugeai donc que je n'avais rien de mieux à
faire que de quitter ce lieu avant la pointe du
jour, et de m'éloigner le plus possible des murs
de Larisse. Je prends mon petit paquet, je tire
les verroux, je tourne et retourne la clef dans
la serrure, et ce n'est pas sans peine que je par-
viens à ouvrir cette bonne et sûre porte qui
s'était ouverte d'elle-même peu d'heures auparavant. Je descends jusqu'à la porte extérieure qui
était fermée. J'éveille le portier, pour qu'il m'ouvre, en lui disant qu'il me faut partir avant le
jour. Le portier, qui était couché auprès de la

porte , me répond à moitié endormi : Eh quoi!
ne sais-tu pas que les chemins sont remplis de
voleurs ? Es-tu las de la vie , pour partir de si
bon matin , et t'exposer au danger certain de
périr ? Tu te sens peut-être coupable de quelque
crime. — Il fera jour dans un moment, lui dis-
je ; et puis, que prendraient les voleurs à un
pauvre passant tel que moi ? Ne sais-tu pas,
imbécile, que dix hommes, même les plus forts,
ne pourraient venir à bout d'en dépouiller un
qui est tout nu. Le portier, accablé par le sommeil, se tourna de l'autre côté, en disant moitié endormi : — Que sais-je si tu ne cherches pas
à te sauver après avoir coupé la gorge à l'homme
avec qui tu es venu loger ici hier au soir ?

En entendant ces paroles, il me sembla que
la terre s'ouvrait sous mes pieds, et je compris
que si la cruelle Méroë ne m'avait pas égorgé, ce
n'était pas par compassion, mais par un raffine-
ment de vengeance, pour que je mourusse de la
main du bourreau. La tête égarée, je rentre chez
moi, et je nevois d'autre moyen pour échapper à la
justice, que de me donner la mort. Une corde
tombe sous ma main , je monte sur mon lit,
j'attache un bout de la corde à une poutre, je
fais avec l'autre bout un nœud coulant autour de
mon cou, et repoussant mon lit du pied, je
m'élance avec force dans le vide, comptant sur
une mort prompte. Dans quel état étrange, me

trouvé-je à l'instant. Il me semblait qu'un travail
se faisait autour de mon cou, tel que celui de la
nature, quand elle fait effort pour se débarrasser d'un corps étranger introduit par accident
dans la chair. Il y avait là comme une tension
douloureuse. La peau se soulevait et s'allongeait
en s'étendant. En même temps, toutes les chau-
ves-souris du crépuscule m'effleuraient caressan-
tes en me disant : Prends des ailes !.... Peu à
peu ma tête se détachait de mon corps, en battant l'air avec effort de je ne sais quels lambeaux
qui la soutenaient à peine. Cependant tout-à-
coup j'éprouvai une illusion rassurante. Dix fois
je frappai les toits de la maison du mouvement
de cette membrane presque inanimée que je
traînais autour de moi comme les pieds flexibles
du reptile qui se roule dans le sable des fontai-
nes ; dix fois je rebondis en m'essayant peu à peu
dans l'humide brouillard. Qu'il était noir et
glacé ! et que les déserts des ténèbres sont tristes ! Je remontai enfin jusqu'à la hauteur des
bâtiments les plus élevés, et je planai en rond
tout autour. L'air était immobile, le ciel glau-
que, terne, froid. Il ne restait rien de ce que
j'avais vu, de ce que j'avais imaginé sur la terre,
et mon âme, épouvantée d'être vivante, fuyait
avec horreur une solitude plus immense, une
obscurité plus profonde que la solitude et l'obscurité du néant. Mais cet asile que je cherchais,

e ne le trouvais pas. Je m'élevais comme le pa·
pillon qui a nouvellement brisé ses langes mystérieux ; il monte, cherche à se fixer, bat le
vitrage en frémissant, s'éloigne, revient, roule,
bourdonne, et tombe en chargeant le talc transparent de toute la poussière de ses ailes fragiles. C'est ainsi que je battais des mornes ailes
que le trépas m'avait données, les voûtes d'un
ciel d'airain qui ne me répondait que par un
sourd retentissement, et je redescendais en pla-
nant en rond autour de la maison où venaient
de se passer d'horribles scènes.

Par la fenêtre, je vois entrer dans la chambre la cruelle et redoutable Méroë, entourée de
plusieurs de ses compagnes, qui dansaient
échevelées en poussant des hurlements de joie.
La cicatrice de Socrate versait du sang, et Méroë,
ivre de volupté, élevait au dessus du groupe
avide de ses compagnes, le cœur déchiré de mon
ami, qu'elle avait arraché de sa poitrine. Elle
en refusait, elle en disputait les lambeaux aux
filles de Larisse altérées de sang.

Cependant ces horribles visions s'évanouirent
tout-à-coup. La corde trop faible pour soutenir
le poids de mon corps se rompt, je tombe sur
Socrate, dont le lit était proche du mien, et je
roule à terre avec lui. Au même instant, le portier entre brusquement criant de toute sa force :
-- Où es tu, toi qui étais si pressé de partir au

milieu de la nuit, et qui dors encore ? Alors soit
par ma chûte, soit par les cris du portier, Socrate s'éveille et se relève le premier : -- En vérité, s'écria-t-il, ce n'est pas sans raisons que les
voyageurs ne peuvent souffrir ces valets d'hôtellerie ; cet imbécile m'a réveillé comme je
dormais de mon meilleur sommeil, après une
nuit agitée.

La voix de Socrate me ressucite, pour ainsi dire,
et me remplit d'une joie inespérée. — Eh bien !
dis-je, portier si fidèle, voilà mon camarade,
mon père et mon frère tout ensemble, que dans
ton ivresse tu m'accusais d'avoir assassiné : en
même temps j'embrassais Socrate et je le baisais
avec effusion. Pressé de fuir cette infernale maison, je lui dis : — Partons vîte, pour profiter
de la fraîcheur du matin. Ensuite je prends
mon petit bagage, je paie l'hôte et nous nous
mettons en route.

Nous n'avions pas fait encore beaucoup de
chemin, lorsque le soleil se leva et éclaira tout
de sa vive lumière. J'attendais cette grande clarté pour regarder avec attention la gorge de mon
camarade à l'endroit où j'avais vu la sorcière
enfoncer le couteau, et je me disais en moi-
même : — Quels rêves extravagants t'a fait faire
le vin, dont tu avais fait hier soir de trop co-
pieuses libations ! Socrate est vivant, et marche
gaîment à ton côté ? où donc est cette plaie ?

où donc est cette éponge ? où est cette cicatrice si grande et si récente ? Eh mais tout cela a disparu avec tes ailes de chauve-souris. Alors je m'adressai à lui : — Les médecins, lui dis-je, ont bien raison de dire que l'excès du boire et du manger cause des songes terribles. Pour avoir trop bu hier soir, j'ai rêvé cette nuit des choses si affreuses et si cruelles qu'il me semble, à l'heure qu'il est, être encore couvert de sang humain, et que j'ai besoin de me tâter pour m'assurer que je ne suis pas mort. — Et moi de même, répondit Socrate, car j'ai rêvé cette nuit qu'on m'égorgeait, et j'ai senti de la douleur à la gorge. Il m'a semblé encore qu'on m'arrachait le cœur. Tiens, en ce moment, je me sens mal, mes jambes flageollent, et j'ai peine à me soutenir. C'est peut-être le besoin de manger qui me rend si faible, n'as tu rien dans ton sac pour mettre dans mon estomac défaillant ? — Voilà, lui dis-je, ton déjeûner tout prêt, et je sortis de mon sac du pain et quelques fruits secs. Asseyons-nous contre cet arbre ; et je me préparai à manger comme lui. Je restais encore sous l'impression du souvenir de la nuit épouvantable que je venais de passer ; c'est dire que je n'étais pas trop en appétit, tandis que mon compagnon dévorait avec avidité les provisions dont je lui avais fait part. Je ne cessais pas de le regarder, tant il me semblait extraordinaire

de le voir vivant, lorsque peu à peu je le vois
pâlir, les couleurs de son visage s'effacent, et
font place à une teinte livide. J'éprouve une
telle émotion, que le morceau de pain que j'a-
vais mis à ma bouche s'arrête à mon gosier
sans que je le puisse avaler. Socrate au contraire
continue à manger avec la même avidité, et
lorsqu'il eut consommé toutes nos provisions
il fut pris d'une soif extraordinaire. Tout près
de l'arbre au pied duquel nous étions assis,
coulait un ruisseau d'eau pure et limpide comme
le cristal, dont le cours en se ralentissant formait une nappe d'eau profonde et d'une trans-
parence extrême. — Tiens, lui dis-je, voilà de
quoi désaltérer ta soif. Il se lève, se dirige
avec ardeur vers cette eau qui l'attire, et pour
être plus à son aise, il étend son manteau, et
couché dessus à plat ventre, il boit à longs traits
l'onde pure.

A peine a-t-il plongé ses lèvres dans l'eau,
que la plaie de sa gorge, auparavant invisible,
s'ouvre profondément, l'éponge qui la fermait
en sort avec du sang. En voyant l'eau se teindre
en rouge, je vole auprès de lui, et j'ai à peine
le temps de retenir par le pied son corps; la
tête plongeait déjà. En vain j'essaie de ranimer
mon ami; la vie l'avait déjà quitté entièrement.
Après l'avoir pleuré, je lui rends à la hâte les
derniers devoirs, en couvrant son cadavre d'un

peu de sable, et je m'éloigne à grands pas de
ces lieux maudits. Fuyant comme si j'étais coupable d'un meurtre, je cherche les chemins les
plus solitaires et les contrées les plus désertes
et je me retire en Étolie, exilé volontairement
de ma maison et de mon pays.

Tel fut le récit d'Aristomène. — En vérité, dit
son compagnon de voyage, dont l'incrédulité
n'avait pas été ébranlée par cette histoire mer-
veilleuse, rien n'est plus faux que ce conte, rien
n'est plus absurde que ce mensonge. Et vous,
continua-t-il en s'adressant à moi, vous qui par
votre figure et par vos manières me paraissez un
honnête homme, vous ajoutez quelque foi à cette
fable? — Je crois, lui répondis-je, qu'il n'y a
rien d'impossible; car il nous arrive quelquefois
à vous et à moi, et à tous les hommes des choses extraordinaires et inouïes, et si on les racontait à un ignorant il ne les croirait jamais, mais
quoiqu'il en soit, je le remercie de tout mon
cœur de son agréable récit. Il a si bien charmé
les ennuis du long et rude chemin que nous
venons de parcourir, que je ne ressens pas la
moindre fatigue; mon cheval même s'en réjouit,
car, tout entier attentif à cette amusante narra-
tion, je n'ai pas même songé à remonter sur son
dos. Après ces paroles, nous nous séparâmes.

LE VIOLON DE CRÉMONE

par Hoffmann

—

Un soir d'hiver, Théodore avait réuni chez
lui ses amis du Cercle de Sérapion. Au dehors
une bise furieuse chassait la neige contre les
vitres, et pénétrait en sifflant par les joints des
fenêtres. Au dedans un feu ardent brillait dans
la cheminée, et la flamme agitée éclairait de
ses reflets mobiles les meubles antiques, dont la
couleur sombre contrastait avec la folle gaîté
des jeunes gens. Un punch flambait sur un guéridon, autour duquel s'était assise l'assemblée
réunie au complet ; les pipes fument, les verres
s'emplissent et se vident, la conversation s'anime,
les histoires finissent et recommencent, le punch
s'épuise et se renouvelle, les imaginations s'exal-
tent et se perdent dans les régions les plus excen-

triques. L'un des convives s'adresse tout-à-coup
à Théodore et lui demande une de ces histoires
fantastiques qu'il sait si bien conter.

— Volontiers, reprend Théodore. Je vous ra-
conterai un épisode de la vie du conseiller
Krespel. C'était bien l'être le plus singulier, le
plus bizarre qui se pût rencontrer. Lorsque je
vins étudier la philosophie à Heidelberg, on ne
s'y entretenait que du conseiller Krespel, dont
on citait les particularités les plus surprenantes.
Il faut vous dire que, malgré ses bizarreries,
le conseiller était versé à fond dans le droit et
la diplomatie. Un petit prince d'Allemagne,
dont l'orgueil était plus grand que le domaine,
l'avait appelé dans sa résidence, et lui avait
confié la rédaction d'un mémoire destiné à faire
valoir devant la Diète ses prétentions à un territoire qui touchait son petit état. Les raisons
développées par Krespel firent obtenir gain de
cause au prince, qui, dans l'excès de sa joie, jura
d'accorder en récompense ce que le conseiller
voudrait, quelque exagérée que pût être sa demande. Krespel qui toute sa vie s'était plaint
de n'avoir pu trouver une maison à sa guise,
imagina d'en bâtir une aux frais du prince.
Non content de payer les frais de construction,
celui-ci voulut fournir encore le terrain ; mais
le conseiller Krespel ne poussa pas si loin son
exigence. Il avait un petit jardin dans le fau-

bourg. Ce fut là qu'il choisit la place de sa maison. Les maçons se mirent à l'œuvre immédiatement, sous la direction du conseiller, qui jour par jour, leur indiquait le travail à faire, et les aidait lui-même de ses mains, revêtu d'un accoutrement bizarre qu'il s'était fabriqué. Il pétrissait le mortier, amoncelait les moëllons, délayait la chaux, et semblait prendre un vif plaisir à cette occupation si peu en harmonie avec sa profession. Il était le seul architecte, et son plan, s'il en avait un, était absolument inconnu aux maçons.

Jusque là les préparatifs et les travaux n'avaient eu pour objet que la pose des fondations qui remplissaient un carré tracé de la main de Krespel. Un beau matin, le conseiller va chercher un maître maçon, l'amène sur le terrain, et lui dit de faire élever sur ces fondations quatre murs. Le maître maçon lui demande à voir son plan. — A quoi bon ? reprend le conseiller ; faites ce que je vous dis. Je veux que ces murs soient en moëllons cimentés à chaux et sable, de deux pieds d'épaisseur. Quand vous serez à vingt-cinq pieds de haut , je vous dirai ce qu'il faudra faire. Qu'avez-vous à me regarder avec des yeux ébahis ? Mettez-vous donc à l'œuvre.

— Mais les portes ?... mais les fenêtres ?... dit le maçon.

— Nous verrons cela plus tard. Qu'on bâtisse
d'abord les murailles, dit Krespel.

Il fallut obéir, et comme le conseiller payait
sans marchander, on travailla gaîment, en faisant
des gorges chaudes sur cette bizarre façon de
bâtir. Les murs s'élevèrent rapidement ; Krespel
était toujours là, joyeux de voir avancer l'œuvre. Quand ils eurent atteint les vingt-cinq pieds
de hauteur, les maçons s'arrêtèrent, et prièrent
le conseiller de leur donner ses ordres.

— Place ! place ! s'écria le conseiller, en faisant écarter les ouvriers, à mesure qu'il se reculait pour considérer l'édifice d'un peu plus loin.
Il fit ensuite le tour du carré, alla, revint, l'air
tantôt mécontent, tantôt joyeux ; enfin, comme
si une idée lumineuse avait jailli de son cerveau
en ébullition, il vint se ruer contre un des pans
de murailles : — Ici ! ici ! cria-t-il, ouvrez-moi
là une porte. Et il en traça avec la pierre noire
les dimensions sur le mur. Prenez vos pics, et
que cette ouverture soit bientôt faite !

Deux maçons crevèrent le mur à coups de pic,
et aussitôt que le passage fut ouvert, le conseiller se précipita dans l'intérieur des quatre murs,
en se frottant les mains, regardant en haut, en
bas, autour de lui. Il sortit avec la même vivacité, courut comme un fou autour du bâtiment,
s'éloigna, se rapprocha, cherchant à le voir sous
tous les points de vue. — Une fenêtre ici, disait-

2

il de temps en temps; une autre là !... là-haut
une lucarne,... vers cet angle un trou en losange.
Prompts à lui obéir, les maçons perçaient les
murs aux points qu'il indiquait. Pas la moindre
régularité, pas la moindre symétrie ne raccordait
entr'elles ces capricieuses ouvertures. Une foule
ébahie avait le visage collé aux grilles du jardin,
et poussait des exclamations à chaque fenêtre qui
se faisait d'une manière si inusitée. C'est dans ce
moment que j'arrivai à Heidelberg, et que j'entendis de tout côté plaisanter sur la maison neuve
du conseiller. Cependant à mesure que les distri-
butions intérieures se faisaient, et que chacun pouvait apprécier les commodités et les agréments
d'une demeure si irrégulière au dehors, on ne se
disait plus que le conseiller avait perdu la tête.
Les maçons eux-mêmes admiraient le parti qu'il
savait tirer des travaux qu'ils avaient faits en aveu-
gles, et ils le proclamèrent le premier architecte
du pays, surtout lorsqu'il les eut tous réunis
exclusivement dans un somptueux repas, après
lequel le conseiller Krespel, s'armant d'un violon,
les fit danser jusque bien avant dans la nuit avec
leur femmes et leurs filles.

Le mardi suivant, invité par le professeur
Mercklin, je rencontrai chez lui le conseiller
Krespel, dont la figure me parut encore plus
singulière que je ne l'avais imaginé. Ses mouvements étaient si brusques, si saccadés, qu'à
chaque instant je m'attendais à le voir causer

quelque malheur. Mais la société, qui semblait
habituée à ses allures, n'y faisait pas attention.
La dame du logis le voyait sans crainte tourner en se dandinant autour d'un guéridon portant un magnifique cabaret de porcelaine de
Chine, lancer ses jambes en face d'une armoire
à glace, promener ses longues manchettes
entre des verres de cristal. Au souper, une nouvelle face du caractère du conseiller se fit voir.
Son bavardage avait remplacé sa curiosité ; il
parlait, parlait, sautillant d'une idée à une autre,
tantôt haussant la voix, tantôt l'abaissant, tour
à tour criard, enroué, octaviant comme un
instrument à vent dans lequel souffle un écolier
de deux jours. Sa distraction lui faisait répondre
constamment de travers à ses interlocuteurs.
Depuis plus d'un quart d'heure on avait cessé
de parler d'une cantatrice en vogue, lorsqu'il
s'écria : — C'est un ange pour l'harmonie ! c'est
le génie du chant ! Et ses yeux s'humectaient de
larmes, car il avait la passion de la musique. On
servit un lièvre ; Krespel en demanda les pattes,
que la fille du professeur, charmante enfant
de cinq ans, lui apporta avec joie. Tous les
enfants montraient de l'affection au conseiller
et j'en appris la cause, lorsqu'après le souper,
il tira de sa poche une boîte qui contenait un
tour d'acier, et avec les os du lièvre, il en fit di-
vers petits joujoux qu'il distribua aux enfants,

qui poussaient des cris de plaisir. Krespel s'a-
musait de leur bonheur, lorsqu'on le vit tressaillir à une parole de la nièce du professeur
Mercklin. Que devient notre chère Antonia ? —
Notre .... notre Antonia .... répéta Krespel
en fronçant le sourcil. Le professeur se hâta de
détruire l'effet de la malencontreuse question, en
parlant à Krespel de ses violons. Krespel se déri-
da sur le champ : — Mes violons vont au mieux,
dit-il, j'ai commencé hier à démonter l'excellent
violon d'Amati qu'un heureux hasard a fait
tomber entre mes mains. Antonia aura fait le
reste, j'espère. — Antonia est une aimable fille,
dit le professeur. — Oui , c'est un ange ! s'écria
Krespel les larmes aux yeux et honteux d'une
émotion qu'il voulait cacher, il prit brusquement
sa canne et son chapeau, et sortit. laissant la société plus peinée que surprise de cette étrange
conduite. Je voulus en savoir la cause.

    — Le conseiller Krespel, me dit le professeur,
est l'homme le plus singulier qu'on ait jamais
vu. Il joue du violon avec autant de talent qu'il
rédige des mémoires. Mais quand il a acheté un
violon, il en joue une heure ou deux, puis il
le suspend à côté des autres, et n'y touche
jamais plus. Si ce violon est d'un grand maître,
un Stradivarius, un Amati, il le démonte, exa-
mine minutieusement la forme, les courbes de
chaque pièce, puis il jette tous ces morceaux
dans un coffre, qui en est plein.

— Mais Antonia . . . . Qu'est-ce que Antonia ? demandai-je avec impatience.

— C'est un mystère, me répondit gravement le professeur. Autrefois le conseiller Krespel habitait seul avec une gouvernante une maison de l'intérieur de la ville. Quoique porté à l'isolement par caractère, il reçut quelques personnes, se fit aimable, on l'aima, on l'invita aux réunions; mais ses singularités en firent toujours un être à part. On le croyait célibataire, car il ne parlait jamais de sa famille. Il fit une absence de plusieurs mois. Le soir de son retour, on vit du dehors les appartements brillamment éclairés, on entendit une mélodieuse voix de femme chanter avec âme des morceaux accompagnés par un clavecin et un violon. Les paysans s'arrêtaient, les voisins se mettaient aux fenêtres pour écouter cette musique ravissante. Ni avant ni après on n'entendit jamais rien de pareil. Vers minuit le chant cessa, interrompu par la voix rude et menaçante du conseiller ; une autre voix d'homme lui répondait avec force, et de temps en temps les plaintes d'une jeune fille se mêlaient à cette querelle. Tout-à-coup les cris perçants de la jeune fille les fit cesser. Puis l'escalier retentit de pas précipités, comme de gens qui se heurtent, et l'on vit la porte de la rue s'ouvrir, et se refermer violemment sur un jeune homme qui sortait de la maison en pleurant. Il monta dans une chaise de poste qui l'attendait non loin

de là, et qui s'éloigna aussitôt. Les lumières s'é-
teignirent chez Krespel et tout rentra dans un
morne silence.

Le lendemain nul n'osa questionner Krespel,
dont la physionomie était calme comme à l'ordinaire. La vieille gouvernante ne put garder
le secret de cette scène, mais tout ce qu'elle
savait c'est que son maître était arrivé avec
une belle demoiselle, qui s'appelait Antonia,
et dont la voix était magnifique ; qu'un jeune
homme qui les avait suivis de près s'était pré-
senté, et avait été fort mal accueilli par le conseiller, qu'après une scène fort vive, le jeune
homme avait été mis à la porte ; que depuis
lors Krespel ne perdait pas de vue la demoiselle, et lui avait même défendu de chanter
et de jouer du clavecin. La gouvernante n'en
savait pas plus long. On n'entendit donc qu'une
fois la voix suave d'Antonia ; mais depuis lors
aucune cantatrice ne pouvait se faire applaudir
dans la ville, où l'on disait : Personne ne sait
chanter qu'Antonia.

Le mystère qui enveloppait l'intérieur du
conseiller Krespel fit une profonde impression
sur mon esprit ; j'en rêvais chaque nuit et une
force irrésistible me poussait à m'introduire dans
cette maison. Je m'en étais exagéré les difficultés ; à peine eus-je vu deux ou trois fois Krespel dans les salons du professeur Mercklin, et

eus-je flatté sa passion pour les violons, qu'il
m'invita spontanément à venir chez lui. Il me
fit voir tous ses violons les uns après les autres,
et il y en avait plus de trente ; il ne me fit
pas grâce d'un seul. J'en vis un très vieux, qui
occupait une place distinguée, et était orné d'une
couronne de fleurs. C'était, me dit Krespel,
le chef-d'œuvre d'un maître inconnu. Il donnait
des sons dont l'influence sur les sens était
magnétique, et forçait le somnambule à dévoiler
toutes ses pensées. Il n'avait jamais eu le courage de démonter cet instrument pour en étudier
la structure. Ce violon lui semblait animé d'une
vie qu'il se reprocherait de détruire. — J'en
joue bien rarement, ajouta-t-il, et ce n'est que
pour Antonia, à qui il fait éprouver les sensations les plus douces.

— Ne me ferez-vous pas la grâce d'en jouer
un peu devant moi ? lui dis-je du ton le plus
insinuant.

— Non, mon bon monsieur l'étudiant, me répondit-il en saccadant chaque mot d'un air ri-
caneur.

Je me tus tout décontenancé, et il continua à
me montrer les curiosités de son cabinet. Quand
je le quittai il me remit gravement un papier
plié qu'il tira d'une cassette où il paraissait pré-
cieusement serré. — Jeune homme, me dit-il,
vous aimez les arts ; acceptez donc ceci

comme un précieux souvenir. Et sans attendre ma réponse, il m'entraîna tout doucement vers la porte et me la ferma au nez. Rentré chez moi j'ouvris le papier ; il renfermait un petit morceau d'une quinte, long de deux lignes, avec ces mots : « Fragment de la quinte avec laquelle le divin Stamitz avait monté son violon, lorsqu'il donna son dernier concert. »

Le congé un peu sans façon que j'avais reçu du conseiller ne refroidit pas ma curiosité, et bien m'en prit, car à ma seconde visite je trouvai Antonia auprès de lui, occupée à ranger les morceaux d'un violon que Krespel démontait. C'était une jeune fille, dont le visage, d'une pâleur d'albâtre, se colorait à la moindre émotion d'une rougeur fugitive. Au lieu de la jalousie tyrannique que je m'attendais à trouver chez le conseiller, je ne vis que des égards affectueux et paternels. Antonia prenait part à la conversation, sans qu'il en parût mécontent. Je renouvelai mes visites, et j'étais toujours bien accueilli. Ce n'est pas que son caractère quinteux ne me fît essuyer quelques rudes boutades, surtout lorsque je voulais lui parler musique ; il me faisait alors l'effet d'un chat qu'on agace, mais ce n'étaient que des nuages passagers, qui ne m'ôtaient jamais l'envie de revenir.

Un soir, entr'autres, le conseiller était de la meilleure humeur. Il avait démonté un vieux violon de Crémone , et découvert un secret important pour l'art. Mettant à profit cette bonne veine, je parvins à le mettre en train de causer musique. Nous fîmes la critique de certains chanteurs, dont la méthode n'avait ni son approbation ni la mienne. Antonia nous regardait avec ses grands et beaux yeux et paraissait prendre un vif intérêt à notre conversation.

— N'est ce pas, mademoiselle, dis-je en m'adressant tout-à-coup directement à elle, que, pour le chant pas plus que pour l'accompagnement, cette méthode n'est pas la vôtre ?

Une rougeur subite colora les joues pâles de la jeune fille. Sans me répondre, elle se leva, comme par un mouvement électrique, se mit au clavecin, ses lèvres s'entr'ouvrirent . . . . elle allait chanter . . . . . lorsque Krespel s'élance d'un bond, la tire loin du clavecin, et me pousse par les épaules hors du salon. — Petit ! petit ! me cria-t-il d'une voix stridente, et changeant aussitôt d'accent, il me dit d'un ton cérémonieux : — Monsieur l'étudiant, je suis vraiment trop poli pour prier le diable de vous étrangler, mais il est assez tard, il fait sombre, vous pourriez vous casser le cou, sans que je prenne la peine de vous jeter du haut en bas de l'escalier. Faites-moi donc l'amitié de rentrer chez vous, gardez un bon souvenir de votre vieil ami, si . . . par hasard . . . , comprenez vous ? . . . . Vous ne le retrouviez plus chez lui.

J'obéis, et je sortis sans avoir même pu jeter
un regard d'adieu sur Antonia. Le professeur
Mercklin me dit d'un air railleur que j'étais à
jamais rayé des tablettes du conseiller Krespel.
Je partis de Heidelberg sans avoir pu entendre
le chant d'Antonia. Peu à peu l'absence, le temps,
les distractions ne me laissèrent qu'un souvenir
mystérieux de ce chant que mon imagination se
figurait comme un écho des concerts des anges,
et qu'il ne m'avait pas été donné d'ouïr.

Dans un voyage que je fis deux ans plus tard,
la ville de Heidelberg se trouva sur ma route. A
mesure que j'en approchais, un sentiment d'angoisse indéfinissable oppressait ma poitrine.

C'était le soir ; je distinguais à peine les clo-
chers de la ville à travers la brume. Mon malaise
augmentait au point que j'étouffais dans la voiture, et qu'il me fallut descendre et faire le reste
de la route à pied. Peu à peu mes sensations
prirent un caractère étrange : il me semblait
entendre dans le lointain un chant doux mais
fantastique. A mesure que j'avançais, les sons
devinrent plus distincts. — Quels sont ces
chants ? demandai-je à un passant, qui me regarda, surpris de mon air effaré. — Ne voyez-
vous pas, me répondit-il, que c'est un enterre-
ment qui s'achève ? En effet la route dominait le
cimetière, et je pus voir combler une fosse. Je
sentis mon cœur se briser : je ne sais quoi me

disait qu'on enfermait dans cette tombe toute une
vie de bonheur et d'espérance. Aux portes de la
ville, je vis le professeur Mercklin appuyé sur
le bras de sa nièce, qui pleurait. Ils passèrent
près de moi sans me voir.

Ne pouvant contenir mon impatience, j'en-
voyai mon domestique pour faire porter mes
bagages à un hôtel que je connaissais et je me
dirigeai en toute hâte vers la petite maison de
Krespel, dont j'ai décrit la construction. Le
conseiller entrait en ce moment dans le jardin,
soutenu, ou plutôt contenu par deux personnes,
entre les mains de qui il se débattait. Il avait
cet habit gris qu'il avait taillé lui-même sur
un patron si bizarre. Rien n'était changé à son
costume, si ce n'est qu'un long crêpe pendait
à son chapeau, et qu'il avait autour du corps
un ceinturon avec un archer en guise d'épée. Je
le crus fou. Ses amis l'accompagnèrent jusqu'à la
porte de la maison : Krespel se retourna, les em-
brassa avec un rire amer, et m'apercevant :—Ah !
vous voilà, monsieur l'étudiant, me dit-il, entrez,
vous me comprendrez, vous ! Et me prenant
brusquement par le bras, il m'entraîna dans
le cabinet où étaient rangés ses violons. Ils
étaient tous couverts d'un crêpe noir. Seul le
violon du maître inconnu manquait. A sa place
était une couronne de cyprès. Je compris tout.
— Antonia ! Antonia ! m'écriai-je en pleurant.

Krespel était debout devant moi, les bras croisés, l'œil fixe et sec. — Lorsqu'elle expira, me dit-il, d'une voix entrecoupée par une émotion mal comprimée, l'âme de ce violon rendit en se brisant un son douloureux, et la table d'harmonie se fendit. Ce vieil instrument ne pouvait lui survivre : elle l'aimait, et j'ai voulu qu'il fût enfermé avec elle dans son cercueil. À ces mots, le conseiller essaya de frédonner d'une voix chevrotante une chanson bouffonne. C'était navrant de le voir s'agiter, gesticuler, sauter à cloche pied autour de la chambre, tournoyer sur lui-même. Son long crêpe vint frôler mon visage, je frissonnai, et je ne pus retenir un cri perçant qui l'arrêta tout court. — Qu'as-tu donc à crier, petit? me dit-il, aurais-tu vu l'ange de la mort? C'est lui qui précède la cérémonie. Puis il vint au milieu du salon, et prenant l'archet pendu à son côté, il l'éleva en l'air avec les deux mains, le brisa en plusieurs morceaux, qu'il jeta loin de lui. — Ah! s'écria-t-il, me voilà libre à présent, libre, libre. Je ne ferai plus de violons, non, plus de violons, jamais plus de violons ! Le malheureux Krespel hurlait ces paroles en les saccadant, et il recommençait sa course effrénée à cloche-pied. Saisi d'effroi et de pitié, je voulus fuir, il me retint d'un bras vigoureux : — Restez, monsieur l'étudiant, je ne suis pas fou. Ce supplice m'est

infligé, parce qu'il y a quelques jours j'ai fait
tailler ma robe de chambre de manière à res-
sembler au Destin, ou à un dieu. Il me débita
mille extravagances, qui contredisaient l'assu-
rance qu'il me donnait de son bon sens. A la
fin, épuisé de fatigue, il se laissa tomber à terre
comme mort. Je le soutins, et après l'avoir
remis entre les bras de sa vieille gouvernante,
je me retirai, le cœur oppressé par la douleur.

J'allai voir le professeur Mercklin, et lui
soutins que Krespel était fou. J'espère que non,
me dit-il. La surexcitation de son cerveau qui
produirait la folie chez un autre, se dégage
par les mouvements désordonnés de notre pauvre
ami. Cette action excessive épuisera l'irritation
de son système nerveux, et le sauvera. Il a été
comme foudroyé par la mort soudaine d'Antonia.
Soyez sûr qu'il ne tardera pas à reprendre ses
habitudes.

La prédiction du docteur se réalisa. Le lendemain Krespel était redevenu calme ; mais il
jurait qu'il ne ferait plus de violons de sa vie.
Cependant un mystère profond enveloppait
les relations qui avaient existé entre le conseiller et Antonia. Un vague soupçon me les faisait
considérer comme d'une nature violente. Krespel me faisait l'effet d'un tyran et Antonia d'une
victime. Rien n'aurait pu me décider à quitter
Heidelberg, sans avoir eu l'explication de ce

3

secret. D'heure en heure ma tête s'exaltait, et
j'allai tomber comme la foudre dans le cabinet
de Krespel. Je le trouvai occupé à tourner des
jouets d'enfants, qu'il considérait avec le sourire
du juste : — Misérable ! lui dis-je, comment
peux-tu goûter un instant de paix, tandis que
ta conscience doit être rongée par le ver du
remords ?

Mon apostrophe lui fit lever les yeux : il me
regarda d'un air étonné : — Qu'y a-t-il pour
votre service, mon très cher ? Prenez donc la
peine de vous asseoir. Son sang-froid ne fit qu'augmenter mon irritation. Je l'accusai hautement
de la mort d'Antonia, et je le menaçai comme
avocat de le poursuivre devant les tribunaux et
de lui faire expier son crime. Lorsque le flux de
paroles que mon exaltation faisait naître se fut
écoulé, Krespel, qui m'avait écouté avec une patience admirable, me dit d'une voix solennelle
qui me confondit : — Jeune étourdi ! De quel
droit veux-tu connaître les secrets d'une vie qui
te fut et qui te sera toujours étrangère ? Antonia
n'est plus !... que t'importe le reste ?

Le calme de cet homme était profondément
triste. J'en fus touché ; je sentis que j'avais agi
en insensé. Je lui en demandai pardon, et je
le suppliai de me donner quelques détails sur
la jeune fille angélique, que je n'avais fait qu'entrevoir. Il me prit par la main, m'attira douce-

ment sur le balcon, et les yeux penchés sur le
jardin qui était au dessous, il me raconta ce
qui suit :

Dès sa jeunesse, le conseiller Krespel avait eu
la passion des violons des vieux maîtres. Il les
achetait à tout prix. Il les recherchait partout,
et c'était pour en découvrir qu'il vint en Italie.
Etant à Venise, il entendit au théâtre San-Bene-
detto la fameuse cantatrice Angela *. L'amour
de la musique, et son ardente imagination mon-
tèrent la tête de Krespel. Fasciné par les chants
admirables d'Angela, il demanda et obtint sa
main. Le mariage resta secret, à cause de la dis-
proportion entre la condition sociale du mari et
la profession de la femme. Celle-ci qui était un
ange au théâtre était un diable dans le ménage.
Krespel, après plusieurs scènes orageuses, prit
le parti de se réfugier à la campagne, où il se
consolait de son mieux avec un excellent violon
de Crémone. Mais la signora ne le laissa pas paisible dans sa retraite. Un jour elle vint le relancer,
et pour faire sa paix avec lui, elle lui prodiguait
des caresses plus ou moins sincères. Krespel, tout
entier à son violon, dont il tirait des sons qui le
ravissaient en extase, effleura de son archet le
cou d'Angela. — *Bestia tedesca !* s'écria-t-elle,
et dans sa fureur, elle arracha le violon des mains
de son mari, et le brisa sur une table de marbre.

Krespel reste un moment immobile et comme pétrifié, puis par un de ces mouvements nerveux aussi prompts que la pensée, et que la réflexion n'a pas le temps de retenir, il saisit sa femme, et la lance par la fenêtre dans le jardin de la maison. A peine a-t-il commis cet acte de colère, qu'il en voit les conséquences. Il prend une chaise de poste, et se réfugie en Allemagne. Quand il fut hors de l'atteinte de la justice vénitienne, il put considérer à loisir dans la route les conséquences de son emportement aveugle, et il éprouvait de cruels remords, quoiqu'il eût agi sans la moindre préméditation, surtout lorsqu'il se rappelait que la signora lui avait laissé espérer qu'il serait père. Quelle ne fut pas sa surprise, lorsque, huit mois après, il reçut une lettre de sa femme, qui lui annonçait, avec les expressions de la plus vive tendresse, et sans faire la plus légère allusion à l'accident de la *Villa*, qu'elle avait donné le jour à une fille. Elle finissait en l'engageant avec les plus vives instances à revenir à Venise.

Soupçonnant un piège, Krespel fit prendre des informations sur les suites de son procédé germanique à l'égard de la belle italienne. Il était vrai que sa chute n'avait pas eu de conséquences graves. Elle était tombée du premier étage sur des plates-bandes fraîchement cultivées et arrosées et le seul effet du vol de ce rossignol était le changement de son caractère.

Le remède conjugal avait parfaitement opéré,
l'irascible épouse n'avait plus ni caprices, ni
colères. Le conseiller fut si touché de cette nouvelle qu'il commanda aussitôt une chaise de poste
pour aller retrouver la signora. Mais à peine
monté dans la voiture, il se ravisa, et se demanda, si, dans le cas où la guérison ne serait pas
radicale, il faudrait encore jeter sa femme par
la croisée. La question était délicate. Pour avoir
le temps de réfléchir, il renvoya la chaise, et
rentra chez lui.

Tout bien considéré, il se contenta d'écrire à
sa femme pour se féliciter avec elle de la
naissance de cette fille, qui portait comme
lui un signe derrière l'oreille ; il y ajouta mille
protestations d'attachement, et.... il resta en
Allemagne. La correspondance entre les deux
époux était active ; deux tourtereaux n'auraient
pas échangé des expressions plus tendres, mais
tout se bornait là et les années s'écoulèrent sans
qu'ils se fussent revus. Cependant la cantatrice
voulut se faire entendre en Allemagne, et le bruit
de sa renommée et de ses triomphes parvint jusqu'aux oreilles de Krespel. Sachant sa fille si près
de lui, le conseiller mourait d'envie de l'aller
embrasser, d'autant plus qu'il avait ouï dire que
cette enfant aurait une voix aussi belle que sa
mère. Mais la crainte des folies de sa femme le
retenait, et il restait au milieu de ses violons,
avec lesquels il n'avait jamais de querelles.

Une lettre de la Signora Angela lui annonça un jour qu'Antonia était demandée en mariage par un jeune homme de bonne famille, qui était doué d'un talent de premier ordre sur le violon. Krespel, fit prendre les informations nécessaires, et comme elles furent toutes favorables au jeune artiste, il envoya son consentement, ne pouvant se décider à se rapprocher de sa femme. Il attendait de jour en jour la nouvelle du mariage de sa fille, lorsqu'il reçut une lettre cachetée de noir, l'informant que la veille des nôces, la cantatrice était morte d'une fluxion de poitrine. Son dernier vœu avait été que le conseiller vînt prendre Antonia pour en avoir soin. Krespel partit à l'instant.

Le conseiller trouva dans sa fille des qualités qui le surprirent agréablement. Élevée dans une maison religieuse, d'où elle venait à peine de sortir, elle avait des sentiments bien différents de ceux qu'on pouvait attendre de la fille d'une cantatrice. Krespel était heureux d'être le père d'une jeune personne pleine de douceur, de réserve et de modestie. Son fiancé était reçu dans la maison, et faisait de la musique avec le conseiller. Le mariage avait naturellement été renvoyé après les premiers temps du deuil. Un soir qu'ils étaient réunis tous trois, Krespel rêvait de la défunte, Antonia se mit au clavecin, et chanta un air mélancolique que son futur

accompagnait sur le violon. C'était la voix de sa
mère à s'y méprendre. Krespel n'y put tenir, et
ses sanglots l'étouffaient. Il se leva brusquement,
prit sa fille entre ses bras, et la serrant avec force: — Oh ! non, s'écria-t-il, si tu m'aimes, ne
chante plus ! Tu me brises le cœur ! ne chante
jamais plus !

Sans qu'il s'en rendît compte, l'émotion du
conseiller venait d'une double source. D'un côté
les vagues souvenirs de bonheur qu'il avait rêvés,
quand il épousa la mère d'Antonia, rêves qui ne
s'étaient pas réalisés, mais qui avaient laissé une
impression profonde dans ses souvenirs ; de l'autre une pensée bien triste, mais d'un intérêt bien
plus réel. La santé de sa fille lui inspirait de
douloureuses appréhensions : son beau visage
n'avait pas la fraîcheur de la jeunesse ; ses joues
ordinairement pâles se coloraient par intervalles
d'une rougeur fugitive et circonscrite autour
des pommettes. Sa voix puissante était hors de
proportion avec le peu d'ampleur de sa poitrine.
Dans ces symptômes l'expérience de Krespel re-
connaissait les avant-coureurs, lointains encore,
mais menaçants d'une maladie de langueur. Ce
germe de mort qu'il voyait poindre dans les traits
de sa fille l'effrayait, et il était prêt à tout faire
pour l'empêcher de se développer.

— Je le sais, disait Krespel à un fameux médecin, ces taches d'un vif-incarnat qui colorent les

pommettes des joues de ma fille, ne sont pas de
l'animation . . . . . Non! c'est ce que je craignais.
— Je ne puis pas vous le cacher, répondait le
docteur, elle m'inquiète aussi. Soit qu'elle ait
exercé trop jeune l'organe de la voix, soit que
la nature ait laissé un défaut d'équilibre dans sa
poitrine, je crois que la sonorité de ses chants,
qui dépasse les facultés de son âge, est un indice
de danger, et je ne lui donne pas pour six mois
de vie, si vous la laissez chanter.

Cette menace fit tressaillir le conseiller ; il vit
sa fille semblable à un jeune arbuste couvert de
fleurs qu'une main barbare va couper par le
pied. Sa résolution fut prise à l'instant. Il présenta à Antonia deux perspectives : une vie d'artiste, passant par le mariage et toutes les séductions du monde, pour aboutir promptement à la
tombe, ou bien une vie paisible et calme consacrée à faire le bonheur d'un père qui ne vivait
plus que pour sa fille. Antonia comprit le sacrifice qui lui était demandé, et n'hésita pas à se
dévouer à son père. Les sentiments dont son
cœur étaient pleins furent étouffés, le fiancé fut
congédié, et Krespel emmena sa fille à Heidelberg. Mais le jeune homme ne pouvait pas re-
noncer si facilement au bonheur qu'il s'était
promis. Il suivit les traces du conseiller, et
arriva à la porte de sa maison au moment même
où le père et la fille descendaient de voiture.

Krespel le repoussait rudement, et allait fermer
brutalement sa porte, lorsqu'Antonia le supplia
de le laisser entrer. Elle n'avait pas le courage
de traiter si durement l'homme avec qui elle
avait espéré passer sa vie. Le conseiller se laissa
fléchir. Non content d'avoir revu sa fiancée, le
jeune artiste demanda à l'entendre chanter pour
la dernière fois. Nouveau refus du père, nouvelle supplication de sa fille, à laquelle il ne put
résister. — Qu'il soit fait selon ta volonté, ma
fille, lui dit-il, mais si tu meurs, n'accuse pas de
ta mort ton malheureux père ! Te voir mourir,
ô mon enfant, toi, le seul être qui m'attache au
monde, c'est cette crainte qui fait sans cesse le
tourment de ma vie !

Krespel ayant fait son sacrifice, le musicien se
mit au clavecin, Antonia chanta, son père prit
son violon et ne cessa pas de jouer, l'œil fixé sur
sa fille, jusqu'au moment où il vit paraître sur
ses joues pâles, les taches pourpres de funeste
présage. A cette vue, Krespel interrompit violemment le concert, et fit signe à l'artiste de se
retirer. Ce départ, qui était le commencement
d'une séparation éternelle, déchira le cœur d'Antonia, qui tomba évanouie. — Je crus voir ma
fille morte, me dit Krespel en achevant ce triste
récit. Hors de moi, je m'élançai vers le malheureux musicien et je le poussai par les épaules
dans l'escalier. « Partez ! lui dis-je, partez !

ôtez-vous de devant mes yeux, car je suis violemment tenté de vous plonger un poignard dans le
cœur, pour réchauffer et colorer avec votre sang
ma fille si froide et si pâle ! » Je devais avoir en
ce moment l'aspect bien terrible, car le pauvre
fiancé se précipita comme un fou vers la porte
de la maison, et je ne l'ai jamais revu.

Krespel, après cet accès de fureur, courut à sa
fille, il la releva. Elle ouvrit un instant les yeux,
et les referma. On la transporta sur un lit, on
appela un médecin, qui trouva la crise grave,
mais qui ne désespéra pas. En effet après quelque temps, la jeune fille parut se rétablir. Elle
ne parla jamais plus du passé, mais elle se dé-
vouait toute entière à son père, elle l'entourait
de ses égards et de ses soins, elle calmait par ses
caresses ses brusqueries, elle se prêtait à tous ses
caprices avec une douceur angélique, elle l'aidait
à démonter les vieux violons qu'il achetait, et à
en fabriquer de neufs. — Non, cher père, lui
disait-elle, je ne veux vivre que pour vous, et je
ne chanterai jamais plus, puisque cela vous affli-
ge. Et Krespel se sentait heureux en l'écoutant.

Il espérait que le danger qui menaçait les jours
de sa fille était conjuré par ses précautions.
Obéissante aux volontés de son père, elle n'avait
plus fait entendre cette voix suave, dont les habitants du voisinage avaient conservé un souvenir enchanteur. Quand Krespel acheta le fameux

violon de Crémone, qu'il enferma dans le cercueil de sa fille, Antonia, après avoir ouï ses sons, le supplia avec un regard de tendresse, de ne pas le démonter — Quoi! celui là aussi ? lui dit-elle. En même temps, Krespel sentait en lui quelque chose qui lui disait d'épargner cet instrument et même d'en jouer. A peine eut-il prélude, qu'Antonia s'écria : — Eh ! mais c'est ma voix ! c'est ma voix ! je chante encore. En effet, les notes perlées du violon ressemblaient aux vocalises d'une voix céleste. L'émotion de Krespel était à son comble : son archet opérait des effets magiques. Le violon fut donc épargné, et de temps en temps Antonia lui disait avec un doux sourire : — Père, je voudrais bien chanter. Krespel s'empressait de prendre le violon, et il en tirait des sons délicieux.

C'est ainsi qu'Antonia se consolait de ne pouvoir plus se livrer au plaisir de chanter. Sa vie s'écoulait dans une paisible solitude. Dévouée à son père, elle embellissait sa vie, et la tendresse qu'elle lui avait inspirée la dédommageait du sacrifice qu'elle lui avait fait. Mais, malgré les excessives précautions dont l'amour paternel de Krespel entourait sa fille, la santé d'Antonia ne s'améliorait pas. Le conseiller sentait renaître ses craintes, et jusque dans son sommeil l'idée de la mort de sa fille l'agitait.

L'avant-veille de mon second voyage à Heidelberg, le conseiller crut entendre, au milieu du silence de la nuit, le clavecin s'animer dans le salon voisin. Des doigts exercés parcouraient rapidement le clavier. Il voulut se lever, mais il lui semblait qu'une main de fer l'enchaînait dans son lit. Il crut entendre comme dans un lointain murmurer la voix de sa fille, peu à peu les accents de cette voix sympathique devinrent plus distincts, et bientôt elle éclata en *crescendo* dont les roulades perçaient son cœur comme autant de flèches. Tout-à-coup une lumière bleuâtre éclaira le fond de sa chambre. Antonia lui apparut comme environnée d'une auréole céleste, et elle continuait à chanter. Krespel cloué dans son lit par une torpeur insurmontable était en proie à l'angoisse la plus douloureuse. Peu à peu l'apparition s'évanouit, mais le conseiller n'eut pas la force de remuer jusqu'aux premières clartés de l'aube. Dès que la lumière pénétra à travers ses rideaux, il se leva, comme s'il sortait d'un rêve pénible, et courut à la chambre d'Antonia. Elle était étendue sur le sofa, les yeux fermés, les mains jointes sur la poitrine, un dernier sourire effleurait ses lèvres pâles, mais immobiles. L'âme de la jeune vierge était retournée à Dieu.

LE ROI TRABACCHIO

par Hoffmann

—

Dans une antique forêt du domaine de Fulda,
vivait un habile chasseur, nommé Andrès, qui
avait été longtemps attaché à la personne de son
seigneur, et lui avait même sauvé la vie en le
défendant contre une attaque de brigands napo-
litains. Dans une hôtellerie de Naples, se trouvait une fille d'une grande beauté, que le maître
paraissait traiter avec une dureté excessive.
Andrès s'intéressa à elle, et s'efforça d'adoucir
son sort. La jeune fille reconnaissante conçut
une affection qu'Andrès partagea, et, avec la
permission du seigneur, ils se marièrent et re-
partirent ensemble pour l'Allemagne. A leur
arrivée le comte Aloys de Bach (c'était le nom
du seigneur) investit le fidèle Andrès des fonctions de garde-chasse-général des forêts de
Fulda.

L'emploi n'était pas des plus brillants, les
appointements étaient minces, et quoiqu'il s'y
joignît quelques étrennes qu'il recevait des en-
trepreneurs des coupes, le jeune ménage avait
grand peine à vivre. Cependant Andrès exerçait
ses fonctions avec la plus scrupuleuse probité ;
il défendait les propriétés de son maître contre
les braconniers et les voleurs, sans que rien le
pût fléchir. Son épouse Giorgina souffrait de la
misère et des rigueurs d'un climat si différent
de celui de sa patrie. Sa beauté se flétrit, sa santé
s'altéra, et de cruels symptômes annonçaient
qu'elle ne pourrait longtemps résister au mal
qui la minait. L'existence de son mari était bien
dure : au milieu de la nuit, les aboiements de
ses chiens, des coups de feu tirés dans le lointain
le forçaient à se lever et à laisser sa femme malade toute seule. La naissance d'un fils acheva
de détruire la santé de Giorgina, et elle se sentait
rapidement descendre au tombeau. Le bonheur
avait fui loin de la chaumière du pauvre garde-
chasse. Le chagrin le dévorait ; les souffrances
morales et physiques, les veilles prolongées, en
influant sur ses nerfs, affaiblissaient la sûreté de
son coup-d'œil ; le gibier se dérobait aisément à
ses coups, et sans l'aide d'un vieux valet dévoué,
il n'aurait pu même ramasser assez de gibier
pour acquitter les redevances auxquelles il était
tenu.

Un soir d'automne, Andrès, tristement assis
auprès du lit de sa femme mourante, entendait
la bise rouler autour de la cabane les feuilles
sèches, et siffler par les ouvertures mal jointes.
Le vieux valet était allé à la ville prochaine
chercher des remèdes pour la malade. Les chiens
poussaient par intervalles des hurlements excités
par les bruits de la tempête. Pendant qu'Andrès
songeait au sombre avenir qui s'offrait à lui, il
entendit les pas d'un homme froisser les feuilles
mortes. Il crut que c'était son valet qui revenait,
et se hâta d'aller lui ouvrir. Ce n'était pas lui :
c'était un homme enveloppé dans un ample manteau gris, la tête couverte et le visage presque
caché par un bonnet de fourrures. Égaré dans
la forêt, il lui demanda l'hospitalité jusqu'à la
fin de l'orage, qui allait éclater et inonder les
ravins. — Bien volontiers, lui dit Andrès, mais
je vous ferai une bien pauvre réception ; ma
femme est bien malade, et nous manquons de
tout. Mon valet est allé à la ville chercher des remèdes et des provisions, et je ne le vois pas revenir.

L'étranger se débarrassa de son manteau sous
lequel il portait une cassette et une légère valise,
et plaça tous ces objets sur une table, avec une
paire de pistolets et un poignard. Andrès était
retourné auprès du lit de sa femme qui semblait
prête à expirer. Le voyageur s'approcha, prit la
main de la malade, et lui tâta le pouls avec un

air d'intérêt. — Rassurez vous, dit-il à Andrès
que la douleur suffoquait, votre femme n'est
malade que de privations ; elle est jeune, et une
bonne nourriture la rétablirait bientôt. Mais
laissez-moi faire : je suis arrivé à temps.

En parlant ainsi, il tira de sa cassette un fla-
con contenant une liqueur dorée, dont il versa
quelques gouttes sur un morceau de sucre qu'il
mit entre les lèvres de la malade. Il lui fit prendre ensuite deux ou trois cuillerées de vin du
Rhin. — Maintenant, dit-il, laissez reposer la
mère et l'enfant, et bientôt vous verrez le mieux
qui se sera opéré.

Andrès était au comble de la joie, et comme en
extase devant le sauveur inespéré que la Providence avait envoyé dans son humble demeure.
Il n'avait qu'un regret, c'est que la misère ne lui
permettrait pas de reconnaître un si grand bienfait. L'étranger sourit, et dans ce moment Giorgina sortit de la léthargie dans laquelle elle
était plongée. Elle semblait renaître à la vie, et
elle demanda son enfant, qu'elle serra dans ses
bras. Andrès pleurait de joie, sautait, dansait,
baisait les mains de l'étranger. Le valet rentra
avec des provisions, et se mit à préparer le souper. L'étranger de son côté composa un breuvage,
qui devait, disait-il, achever la guérison de
Georgina.

La tempête s'était calmée, mais la nuit étant

fort avancée, Andrès insista pour que l'étranger prît un peu de repos. Au point du jour, Giorgina était au mieux, et se joignit à son mari pour rendre des actions de grâces à son sauveur. Celui-ci les recevait avec une impatience visible, et tirant plusieurs pièces d'or d'une bourse de cuir, il les mettait dans la main d'Andrès, et se retournait pour partir. — Gardez votre or, Monsieur, lui dit le brave garde-chasse ; qu'est ce que la misérable hospitalité que je vous ai donnée en comparaison de ce que vous avez fait pour nous. Ma femme vous doit la vie, et je me donnerais volontiers à vous, corps et âme, pour vous prouver ma reconnaissance. Si vous tenez absolument à me faire un don, laissez-moi quelques gouttes de cet élixir, pour préserver ma femme de toute rechute. — Eh bien, dit l'étranger, puisque vous refusez cet or, j'en jette le double sur le lit de votre femme, pour lui servir à se parer elle et son enfant les jours de fête. Giorgina vit aussitôt pleuvoir une poignée de jolies pièces d'or toutes luisantes aux rayons du soleil levant. Elle les regardait d'un œil joyeux, car elle n'en avait jamais tant vu.

— Mes amis, dit l'étranger, il ne faut pas juger sur l'apparence. Vous m'avez pris peut-être pour quelque pauvre petit marchand ambulant, tandis que je fais un commerce de bijoux très lucratif. L'or que j'ai donné à votre femme n'est pas la millième partie du bénéfice que je viens de faire à la foire de Francfort. Je pourrais quitter le commerce et jouir de ma fortune. Mais j'aime mieux la vie active que je mène. Je vais à Cassel : en quittant Schutern, j'ai jugé que cette forêt serait moins dangereuse que la grande route, où les valeurs que contient cette cassette pourraient tenter quelqu'un. Je compte y repasser régulièrement, quoique je m'y sois égaré cette fois. Vous me reverrez deux fois par an, mes amis, à Pâques, quand j'irai de Francfort à Cassel, et après la Saint-Michel, quand j'irai de Leipzig à Francfort, et de là en Suisse et même en Italie. Chaque fois que je passerai par ici, je veux loger chez vous et je vous paierai largement votre hospitalité. Mais avant de vous quitter, j'ai un service à vous demander. C'est de me garder cette cassette, jusqu'à mon retour cet automne. J'ai pleine confiance en votre probité. Ensuite je vous prierai de me servir de guide jusqu'à la sortie de la forêt. Vous m'indiquerez le chemin, pour que je ne risque plus de m'égarer, et de plus vous me défendrez, si quelque voleur m'attaquait, car je vous avoue que ma profession, qui est connue de beaucoup de monde, m'expose plus qu'un autre aux attaques des brigands.

Andrès se trouvait trop heureux d'être utile à l'homme qui venait de lui rendre un si grand service pour hésiter à l'accompagner. Il s'empressa donc d'endosser son costume de garde-général, il vérifia les amorces de son fusil à deux coups, mit à sa ceinture un coutelas et une paire de pistolets, et lâcha deux dogues de forte race qui devaient compléter l'escorte. Pendant que le garde faisait ces préparatifs, l'étranger tira de sa cassette un collier, des pendants d'oreille et des bagues, dont il voulut que Giorgina se parât sur le champ devant lui ; elle lui obéit, et se regarda en souriant dans le miroir de poche que le voyageur présenta devant son visage. La joie enfantine de sa femme réjouissait Andrès, et ajoutait à sa reconnaissance. Pour la porter au comble, l'étranger lui dit : — Voilà ma cassette, vous me la garderez fidèlement, je n'en doute pas. Vous me la remettrez à mon prochain voyage. Mais si par hasard je ne revenais pas, la cassette est à vous. Je puis mourir d'ici là ; je n'ai ni femme ni enfants, et je n'ai pas à me louer des parents éloignés que j'ai dans le Valais. Ils m'ont traité avec dureté quand j'étais malheureux, et ils n'ont aucun droit à mes bienfaits. Ainsi, c'est entendu : si vous ne me revoyez pas, la cassette est à vous avec tout ce qu'elle contient. C'est un don que je fais à votre enfant. En souvenir de moi, appelez-le Ignaz, car mon nom est Ignaz Denner.

Andrès ne trouvait pas d'expressions pour rendre les sentiments que faisait naître en lui la libéralité excessive de l'étranger. Giorgina lui promit de ne jamais l'oublier dans ses prières, pour que la Providence ne cessât pas de le protéger. Mais cette promesse parut faire médiocrement plaisir à l'étranger ; il répondit d'un air de dédain, qu'il avait encore plus de confiance en ses pistolets. Andrès fut choqué d'une réponse qui blessait ses idées religieuses, mais il n'osa pas le témoigner, ni sa femme non plus, à un homme qui les comblait de ses dons. Il se contenta de lui faire remarquer que l'heure était déjà avancée, et qu'il était temps de partir, pour que Giorgina ne fût pas inquiète en attendant son retour.

Ils se mirent donc en route en s'enfonçant dans les bois qui devenaient de plus en plus fourrés et sombres. Les dogues les précédaient, et revenaient de temps en temps en aboyant, comme si quelque chose les avait effrayés. Andrès arma les deux coups de son fusil, en disant que cette partie de la forêt était peu sûre. En effet on entendait par intervalles des bruits comme de pas d'hommes, et on croyait entrevoir des figures peu rassurantes, mais vagues et mal définies, au point qu'on aurait pu les prendre pour des êtres fantastiques. L'étranger ne donnait pas le moindre signe de frayeur, et ne cessait pas de rassurer le garde-chasse. Tout d'un coup un homme à l'aspect étrange sortit d'un fourré : Andrès le coucha en joue, mais son compagnon lui arrêta le

bras, et le brigand disparut après avoir fait un
signe d'intelligence à Denner. Ils arrivèrent sans
autre rencontre à la lisière du bois ; Denner
remercia Andrès de sa complaisance, et lui dit
de ne pas avoir peur, quand même il rencontre-
rait quelques figures rébarbatives. Le garde se
dirigea vers sa demeure, étonné de l'influence
que l'étranger paraissait avoir sur des êtres redoutables, et en effet il arriva sans malheur
auprès de sa femme, joyeuse de son retour.

Les libéralités d'Ignaz Denner avaient ramené le bien être dans la pauvre chaumière ;
la santé de Giorgina était redevenue florissante,
et le garde-chasse, libre d'inquiétudes, avait
recouvré toute la sûreté de son coup-d'œil et
de sa main. La forêt semblait purgée de braconniers et de voleurs, depuis le passage de
Denner. Il revint, comme il l'avait dit, à la
Saint Michel, et après avoir passé trois jours chez
Andrès, il partit après avoir fait encore des cadeaux à sa femme, entr'autres un de ces ornements de tête avec lequel les Italiennes attachent
leurs cheveux. Giorgina fut heureuse de se
parer de ce bijou qui lui rappelait sa patrie,
mais Andrès ne pouvant s'expliquer suffisamment le motif des libéralités de Denner, éprouvait quelques remords à en profiter. Il lui semblait que s'il n'avait plus à souffrir des atteintes
de la misère, sa conscience n'était plus aussi

tranquille qu'autrefois, et il se prenait à re-
gretter sa pauvreté passée. Il avait remarqué
quelque chose de faux dans les yeux de l'étranger, qui ne regardait jamais en face. — Je me
défie de quiconque n'a pas le regard franc,
disait-il ; tu as eu tort d'accepter ses cadeaux,
et Dieu veuille qu'ils ne nous attirent pas quelque malheur. Giorgina cherchait à rassurer
son mari, mais elle n'y réussit qu'à demi, et
depuis lors Andrès évitait de parler de Denner.

L'hiver s'écoula, et à Pâques, époque où
l'enfant de Giorgina avait neuf mois et donnait
déjà des signes d'intelligence, l'étranger reparut
et passa encore trois jours dans la chaumière.
Le troisième jour, étant à table avec ses hôtes,
Ignaz Denner leur dit : — Vous savez que je
n'ai pas d'enfants, voulez-vous que je fasse le
bonheur du vôtre ? Son intelligence précoce me
plaît ; je désire l'adopter, si vous y consentez.
Confiez-le moi : je l'emmènerai à Strasbourg, et
je le ferai élever par une dame respectable de
mes amies. Sa fortune est faite, mais il faut vous
décider tout de suite. Je vais partir, je l'empor-
terai jusqu'à la ville voisine où je prendrai une
chaise de poste.... Pendant que Denner parlait,
Giorgina avait pris son enfant, et le serrait dans
ses bras, en regardant l'étranger avec terreur,
comme si elle craignait de se le voir enlever par
force. — Voyez ma femme, interrompit Andrès ;

elle tremble à l'idée de se séparer de son enfant ;
je suis comme elle, monsieur, et malgré tous vos
bienfaits, malgré le sort brillant que vous pro-
mettez à mon fils, nous ne pouvons pas vous le
donner. Ne croyez pas que nous manquions de
reconnaissance , nous n'oublierons jamais vos
services ; mais si vous étiez père, vous feriez
comme nous. — Comme il vous plaira, dit l'étranger en jetant sur l'enfant un regard sinistre ; je
voulais faire son bonheur ; vous refusez, n'en
parlons plus.

Au lieu de partir sur-le-champ, comme il l'a-
vait dit, Ignaz Denner passa encore trois jours
dans la maison du garde. Il fut très-réservé avec
Giorgina, et suivit Andrès dans toutes ses excur-
sions dans la forêt. Dans ses conversations avec
lui, il s'informait avec soin d'une foule de particularités concernant le comte Aloys de Bach. Il
partit, et revint plusieurs fois aux époques ordi-
naires. Il se montra de nouveau cordial et affectueux pour Giorgina, mais ne parla plus de lui
demander son enfant. Celui-ci grandissait, mais
malgré les caresses de Denner, il laissait voir
une antipathie marquée contre lui ; et jetait même
les hauts cris lorsque l'étranger voulait jouer
avec lui. Les visites d'Ignaz Denner se renouve-
lèrent pendant deux années, et peu à peu la
défiance d'Andrès se dissipa ; et il voyait avec
plaisir revenir un homme qui lui apportait toujours quelque profit et peu de dérangement.

Au milieu d'une nuit d'automne de la troisième
année, Andrès fut réveillé en sursaut par des
coups bruyants frappés à sa porte, et par des
voix rudes qui l'appelaient par son nom. Il se
leva tout troublé, et demanda de la fenêtre ce
qu'on lui voulait. — Ouvrez, c'est un ami, dit la
voix connue d'Ignaz Denner. Andrès courut ouvrir sa porte, et fut fort étonné de voir Denner
entrer seul. Il lui en exprima sa surprise, et
Denner lui répondit en ricanant, qu'il avait rêvé
en croyant entendre des voix d'hommes. Andrès
fut encore plus surpris, lorsqu'il eut allumé sa
torche de résine, de voir le changement qui
s'était fait dans le costume et dans la mine du
commerçant en bijoux. Il était vêtu d'un pour-
point de velours brun serré à la taille par une
ceinture écarlate, dans laquelle on voyait briller
deux pistolets et un poignard. A son côté pendait un grand sabre, et une longue moustache
donnait à sa physionomie un air rébarbatif.

— Andrès, lui dit Denner, lorsque je sauvai
ta femme de la mort, tu me promis de me prouver ta reconnaissance par tout le dévouement
dont tu étais capable. L'heure est venue de tenir
ta promesse. Mets tes habits, prends tes armes,
et suis moi. A quelques pas d'ici, je te dirai ce
que j'attends de toi.

Andrès, troublé au plus haut point par une
telle sommation, protesta qu'il était prêt à tout

faire pour lui prouver sa reconnaissance, excepté
ce qui serait contraire à la religion ou à l'honneur. — Viens toujours, imbécile, lui dit Denner ;
et vous, ma belle enfant, ajouta-t-il en s'adressant
à Giorgina qui hasardait quelques mots toute
effrayée, dormez sur vos deux oreilles. Dans
quelques heures je vous ramènerai votre mari,
et il ne reviendra pas les mains vides. — Dépê-
che-toi donc, dit-il à Andrès qui mettait une
grande lenteur à s'habiller, et souviens toi que
chose promise, chose due ; c'est le moment de
l'acquitter. Andrès acheva de mettre ses habits,
en protestant qu'il ne ferait rien de contraire à
ses devoirs. Sans lui répondre, Denner le prit
par le bras et l'entraîna hors de la maison. Après
avoir marché quelque temps dans les fourrés, ils
arrivèrent à une clairière ; Denner donna un coup
de sifflet, auquel cent autres répondirent, et de
tous côtés parurent des figures sinistres éclairées
par des torches de résine, qui se réflétaient sur
les carabines.

— Capitaine, dit un des brigands, est-ce là le
nouveau camarade que vous avez annoncé ? —
Oui, répondit Denner ; mettons-nous en marche.
Andrès pris au piège faisait mine de s'évader.
Mais Denner le menaça, s'il ne le suivait pas,
d'envoyer mettre le feu à sa chaumière, et de
plus lui promit qu'il le laisserait bientôt aller et
continuer ses fonctions de garde-chasse, où il

pourrait lui rendre plus de services, par les
renseignements qu'il serait à même de fournir.

Le but de l'expédition était le pillage de la maison d'un riche fermier, dont le domaine
touchait à la forêt. Les rôles furent assignés à
chacun : la moitié de la bande devait pénétrer
dans la maison, et l'autre moitié la cerner pour
empêcher tout secours d'arriver. Andrès fut mis
en sentinelle, accompagné de plusieurs hommes
sûrs qui veillaient sur ses mouvements. La maison envahie de plusieurs côtés fut dévalisée; tous
les objets précieux furent apportés à un endroit
convenu, et déjà le partage commençait. Mais
un des domestiques avait pu traverser la chaîne
des sentinelles, et avait donné l'éveil au village
voisin. Le tocsin sonna; les paysans armés ac-
coururent, un combat s'engagea, les coups de feu
retentissaient de toutes parts. Dans la mêlée,
des forestiers vêtus de la livrée du comte de Bach
furent reconnus par Andrès, qui évita de se
montrer à leurs regards. La lutte fut vive ; les
brigands commençaient à songer à la retraite ;
Denner combattait avec un courage digne d'une
meilleure cause, lorsqu'il tomba frappé d'une
balle. Il allait être enlevé par les forestiers,
lorsqu'Andrès, entraîné par une force involontaire, s'élança à son secours et le prenant dans
ses bras, l'emporta hors du lieu du combat.

Lorsqu'ils furent hors d'atteinte, Denner pria

Andrès de le déposer sur le gazon. Sa blessure
n'était pas dangereuse, une balle morte l'avait
frappé au pied. Après un premier pansement, il
put se diriger soutenu par Andrès vers le lieu
indiqué comme point de ralliement en cas d'é-
chec. Des coups de sifflets partirent bientôt de
tous côtés, et en peu d'instants tous les brigands
qui n'avaient pas péri se trouvèrent réunis. Andrès qui avait sauvé la vie à leur chef fut comblé
d'éloges qu'il recevait bien à contre-cœur. On
se hâta de faire le partage du butin, qui était
considérable. Denner dit à Andrès : — Tu peux
maintenant aller retrouver ta femme et ton enfant, puisque tu n'as pas le courage de faire ta
fortune avec nous. Nous allons quitter la contrée,
et tu n'auras pas à craindre d'être inquiété à
cause de nous. Mais il n'est pas juste que tu par-
tes sans être récompensé de ton dévouement.
Prends cette bourse, et ne m'oublie pas, car nous
nous reverrons l'année prochaine. — Garde ton
or maudit, répondit Andrès : c'est la violence
qui m'a entraîné au milieu de tes complices, et
je ne veux pas avoir part à la responsabilité de
tes crimes. Je ne dirai pas un mot de tout ce que
je sais ; mais si vous revenez sur le territoire de
Fulda, si un seul meurtre, un seul vol est commis, je parlerai, et je révélerai tes repaires à la
justice.

Les brigands voulaient se jeter sur lui, mais

Denner les contint, et dit à Andrès : — Va-t-en, imbécile, et songe à te taire, si tu tiens à ta femme et à ton enfant. Si tu parles, je saurai me venger de tes sottes menaces, et le compte que tu auras à régler avec la justice ne sera pas la moindre des punitions que tu as à craindre. Du reste, je veux bien te dire que nous quittons ces forêts, qui ne nous offrent pas des profits suffisants pour compenser les dangers que nous y courons.

Sur l'ordre de Denner, deux brigands prirent Andrès sous le bras, et le conduisirent, par des sentiers qui se croisaient en tous sens, jusqu'à une certaine distance de sa demeure. Ils le quittèrent en renouvelant leurs menaces. Andrès arriva à sa chaumière, accablé de fatigue et de chagrin. Il ne voulut pas affliger sa femme en lui racontant ce qui s'était passé ; il se contenta de lui dire que Denner s'était dévoilé à lui comme un profond scélérat, avec qui il n'aurait jamais plus rien de commun. — Mais sa cassette, dit Giorgina, qu'en ferons-nous ? Andrès fut fort embarrassé, et après bien des réflexions, il conclut qu'il fallait la garder fidèlement, jusqu'à ce que Denner la fît réclamer.

L'attaque nocturne de la ferme avait répandu l'alarme dans la contrée. Le neveu du comte de Bach avait pris part au combat avec une escorte de chasseurs. On avait fouillé les bois, et on

avait trouvé trois brigands blessés encore vivants ;
on les avait mis en prison, espérant les faire
parler et découvrir par eux leurs complices. Mais
le matin du troisième jour, en entrant dans leurs
cachots, on les trouva morts percés de coups de
poignards. Les recherches les plus minutieuses
ne purent dévoiler le mystère de cette mort
tragique. On fit de fréquentes battues dans la
forêt, mais on ne trouva rien. Les brigands
avaient dit vrai en annonçant qu'ils quittaient le
pays. Dans ces battues, on se donnait rendez-
vous chez le garde-général. Andrès s'attendait
toujours à y voir amener Denner, ou quelque
autre brigand, qui l'accuserait de complicité avec
eux. Il avait perdu tout repos, et, tout innocent
qu'il était, il éprouvait les alarmes d'un coupable. Il mit dans la cassette les bijoux et l'or qu'ils
tenaient de Denner, ne voulant rien devoir à un
scélérat, et il serra le tout pour ne plus y toucher. Il fallut une grande force d'âme à Andrès
pour résister aux tentations que lui donnait la
présence d'un trésor, surtout lorsque ses besoins
se furent accrus par la naissance d'un second
enfant. Mais, malgré sa pauvreté, il ne regarda
pas même cette cassette, dans laquelle il aurait
pu puiser, puisque Denner n'avait plus reparu,
et que dans ce cas prévu, la cassette lui appartenait. Sa vertu, quoique mise à de rudes épreu-
ves, ne succomba pas, parce que la religion la

4.

soutenait, et elle fut en quelque manière récompensée, car la santé de sa femme ne fut pas altérée.

Cependant un soir qu'il causait avec sa femme auprès du feu, se reposant des fatigues de la journée, le vieux valet vint lui dire qu'un homme de mauvaise mine rôdait autour de la chaumière. Andrès sortit avec son fusil. Après avoir fait quelques pas, il s'entendit appeler à voix basse par son nom : c'était Denner, vêtu de son ancien costume gris, sa valise sous le bras, comme la première fois qu'il était venu. — Andrès, il faut que tu me donnes l'hospitalité pour cette nuit. — Misérable ! lui répondit Andrès, tu oses reparaître dans ce pays ? Attends ! je vais te rendre la cassette avec tous tes dons maudits, et si je te rencontre jamais dans ces bois, je t'abattrai d'un coup de fusil comme une bête fauve. En parlant ainsi Andrès rentra chez lui pour prendre la cassette ; quand il revint, Denner avait disparut, et il fut impossible de le retrouver. La réflexion fit comprendre à Andrès l'imprudence qu'il avait commise en menaçant Denner ; il redouta la vengeance du bandit. Il veillait chaque nuit avec son valet pour se préserver de toute surprise. Mais à la fin il se relâcha de ses précautions, en voyant qu'il ne se commettait aucun méfait dans le voisinage. Pour mettre tout-à-fait sa conscience en repos, il crut devoir aller déclarer au tribunal de Fulda les relations qu'il avait eues avec Denner. Il revenait soulagé d'un grand poids, lorsqu'il rencontra un serviteur du comte de Bach, chargé de le faire venir sans retard au château. — Andrès, dit le comte au garde-chasse inquiet de ce message, je t'ai fait venir si vîte pour t'annoncer une bonne nouvelle. L'hôtelier chez qui ta femme était en service à Naples est mort; et pour la dédommager des mauvais traitements qu'il lui avait fait endurer, il lui a légué une somme de deux mille ducats. Je vais te donner un certificat pour que tu ailles toucher cette somme à Francfort, chez mon banquier.

Andrès au comble de la joie, partit aussitôt pour Francfort et quand il eut touché l'argent, il fit quelques emplettes et acheta entr'autres choses une aiguille d'or en tout semblable à celle que Denner avait donnée à Giorgina. Après cela, il revint en toute hâte à sa demeure, où il espérait réjouir sa femme de tout ce qu'il lui apportait. Il fut fort étonné en arrivant de trouver sa porte barricadée en dedans. Il appela à grands cris sa femme et son valet. Ses dogues seuls répondirent par leurs aboiements. A force de frapper et de crier, il vit paraître à la fenêtre de l'étage supérieur sa femme pâle et défaite, qui dit d'une voix faible : — Est-ce toi ? Tu as bien tardé à revenir ? Ah! si tu avais été ici, tu aurais empêché un grand malheur.

Andrès frémit, lorsque sa femme, après avoir
ouvert la porte, se jeta dans ses bras toute désolée ; elle tomba presque inanimée, et il la transporta sur son lit, sans oser lui faire de questions.
Hélas ! un spectacle affreux frappa bientôt ses
regards. Le plancher, et les murs de la chambre étaient souillés de taches de sang, et il vit
dans le berceau le cadavre de son plus jeune fils,
avec le ventre ouvert ! son autre enfant
poussait des cris plaintifs. Le plus grand dé-
sordre régnait dans l'appartement, comme si les
meubles avaient été mis au pillage. Sur une table on voyait un réchaud avec un reste de charbons allumés, des fioles de diverses formes, et
un baquet à demi rempli de sang. Malgré l'excès
de sa douleur, il ensevelit dans un linge blanc le
corps affreusement mutilé de son pauvre petit
enfant. Il retardait par là l'explication qu'il craignait de demander à sa femme sur l'horrible
forfait qui avait ensanglanté sa demeure en son
absence. Il sentait qu'il allait redoubler ses souffrances.

Enfin le lendemain matin après avoir rendu
les derniers devoirs à son enfant, il apprit d'elle
que la nuit après son départ, elle avait été éveil-
lée en sursaut par des clameurs épouvantables,
et que leur valet était accouru pour lui dire que la
maison était entourée de brigands, et que toute
résistance était impossible. Une voix appelait

Andrès de toute sa force. On répondit du dedans qu'Andrès était absent. — Ouvrez toujours, dit la même voix, il faut que nous entrions ici : Andrès va revenir. Les bandits se précipitèrent par la porte, que le valet fut forcé d'ouvrir parce qu'ils allaient l'enfoncer. Ils saluèrent Giorgina comme la femme du sauveur de leur chef, et lui dirent de leur apprêter à manger. En un instant tout le mobilier de la cabane fut bouleversé ; chacun des bandits mit la main à l'œuvre, et bientôt ils furent installés comme s'ils étaient chez eux. Parmi tout ce vacarme, le valet trouva moyen de dire tout bas à Giorgina, que le château du comte de Bach venait d'être incendié par ces brigands et que le comte avait péri avec presque tous ses serviteurs. Giorgina fut au désespoir en pensant que son mari était peut-être au nombre des victimes. Les préparatifs du repas étant terminés, les bandits se mirent à manger et à boire, jusqu'au matin, où leur chef Denner arriva et présida lui-même au partage du butin. Ils partirent avant le lever du soleil : Denner seul resta. — Votre mari ne vous a pas dit qu'il faisait partie de notre bande, dit Ignaz Denner à Giorgina : il était avec nous à l'attaque du château, et il a tué de sa main le comte de Bach. Nous allons maintenant nous séparer ; le butin nous a amplement payés de nos fatigues, et vous ne nous

reverrez pas de longtemps.... Mais vous avez
là un bien bel enfant, dit-il en prenant dans
ses bras le plus jeune ; n'a-t-il pas tout juste
neuf semaines ? — Oui, monsieur, répondit
Giorgina. — Laissez le moi tenir quelques instants pendant que vous me préparez de quoi
me rafraîchir ; mes moments sont comptés, et
il faut que je parte tout-à-l'heure. Giorgina lui
obéit, et pendant qu'elle était occupée dans la
pièce voisine, elle sentit une odeur singulière,
et voulut rentrer pour voir d'où elle venait ;
mais elle trouva la porte barricadée en dedans.
Entendant des gémissements étouffés, elle poussa
de grands cris qui firent accourir le valet. Celui-
ci s'arma d'une hache, et enfonça la porte. L'enfant tout nu était étendu sur une table, et un
baquet placé au-dessous recevait son sang qui
jaillissait de sa gorge ouverte. Giorgina s'évanouit, et le valet s'élança sur Donner la hache
levée. Son évanouissement dura assez longtemps, car lorsqu'elle reprit ses sens la nuit
était noire. Elle heurta du pied contre le corps
de son enfant qui gisait par terre. Elle alluma
une lampe, et vit des cheveux arrachés, et la
hache ensanglantée ; mais les deux hommes
avaient disparu. Son horreur fut telle qu'elle
retomba en syncope, et ne revint à elle qu'au
milieu du jour suivant. Un silence de mort régnait autour d'elle ; elle appela d'une voix

faible son fils aîné, qui se hasarda à descendre d'une soupente à mettre le foin où il s'était réfugié pour échapper au brigand. Elle le serra dans ses bras, et alla fermer du mieux qu'elle put la porte de la maison, jusqu'au retour de son mari.

Le petit Georges lui raconta qu'il avait vu par un trou du mur, Ignaz Denner sortir chargé du cadavre d'un homme, qu'il avait transporté dans la forêt avec l'aide de plusieurs de ses compagnons. Lorsqu'en finissant ce récit lamentable, Giorgina remarqua que son mari apportait un sac d'argent : — Le brigand disait donc vrai ! s'écria-t-elle ; tu es un de ses complices, Andrès ! Celui-ci se hâta de la rassurer en lui racontant le motif de son voyage à Francfort.

Après la mort tragique du comte de Fulda, son neveu hérita de son domaine. Le garde général forma la résolution d'aller le trouver pour lui donner sa démission, car le séjour de sa maison ou de la forêt, témoins de tant de crimes, lui était devenu insupportable. Ne pouvant se résoudre à laisser sa femme et son enfant exposés seuls à une nouvelle attaque, il mit tout ce qu'il possédait sur un petit chariot, pour ne plus revenir dans cette habitation maudite, et ils allaient s'acheminer vers le château, quand il entendit un grand bruit de che-

vaux autour de la maison. C'était un membre
du tribunal de Fulda, qui arrivait escorté par
des cavaliers, sous les ordres du forestier du
château de Bach. — Nous le tenons! s'écria
le juge, le scélérat allait s'échapper avec son
butin! Et il les fit aussitôt lier, malgré ses protestations d'innocence, et les supplications de
Georgina que ce nouveau malheur rendait presque folle. Son enfant fut séparé d'eux, pour
n'être pas élevé, disait-on, à l'école du crime.
Le forestier lui promit d'en avoir soin, et de le
lui rendre s'il était reconnu innocent.

Arrivés à Fulda, Andrès et sa femme furent
enfermés dans des prisons séparées. Quelques
jours après eut lieu le premier interrogatoire.
Andrès raconta sincèrement tout ce qui s'était
passé, en regrettant seulement sa faiblesse qui
l'avait empêché de dénoncer le chef de brigands
à la justice. Au moment où il finissait de parler,
la porte s'ouvrit, et il vit paraître Ignaz Denner
enchaîné, qui jeta sur lui un regard de mépris,
en lui disant : — Te voilà dans de beaux draps!
Tire-t'en comme tu pourras.

Les juges firent répéter à Denner devant Andrès la déclaration qu'il avait déjà faite. Il af-
firma avec serment que le garde faisait partie
de sa bande et que sa maison lui servait de re-
fuge toutes les fois que la justice le poursuivait
de trop près, qu'il touchait sa part des prises,

mais qu'il n'avait assisté qu'à deux expéditions dont la dernière était le sac du château de Bach. Andrès opposait des dénégations énergiques aux assertions effrontées du bandit. On emmena Giorgina, qui après s'être jetée dans les bras d'Andrès, accusa hautement Denner du meurtre de son enfant. Celui-ci niait froidement, en disant que la femme n'avait jamais connu la complicité de son mari. Les juges, émus de la douleur de Giorgina, et incertains entre les assertions contradictoires des accusés, les firent reconduire en prison, et ordonnèrent la mise en liberté de la jeune femme, à qui le neveu du comte de Bach donna asile.

Cependant l'affaire d'Andrès prenait une mauvaise tournure. Il n'avait que des protestations d'innocence à opposer à la déposition de Denner, et à celles de deux forestiers qui déclaraient l'avoir vu pendant le combat, et qui l'accusaient d'avoir tué lui même leur seigneur. Il ne pouvait pas prouver son alibi le jour de la prise du château ; le banquier de Francfort chez qui il avait touché les deux mille ducats était absent, et les commis ne le reconnaissaient pas. La quittance sur laquelle cette somme avait été payée portait la signature du défunt comte de Bach. La conviction des juges étant établie, ils ordonnèrent qu'Andrès serait mis à la question pour lui faire avouer son crime. A la vue des préparatifs, et sous

5

les premières atteintes de la douleur, Andrès,
pour s'y soustraire, se reconnut coupable. Quand
il eut été ramené dans la prison, on lui donna un
breuvage qui était censé devoir le réconforter,
mais qui le plongea dans un état de somnolen-
ce, qui n'était ni le sommeil ni la veille, mais qui
lui ôtait toute faculté active.

Il ne savait donc si c'était une hallucination, ou
une réalité, lorsqu'il crut voir des pierres se dé-
tacher du mur vis-à-vis de son lit, et une clarté
rougeâtre projeter des reflets sanglants dans la
chambre. Au milieu de l'ouverture de la muraille parut une figure qui ressemblait à Ignaz Denner. Ce fantôme avait des yeux brillants comme
des charbons ardents, au fond de deux sombres
cavernes surmontées d'épais sourcils noirs, son
nez était recourbé comme le bec d'un oiseau
de proie, sa tête était recouverte d'un *sombrero*
espagnol orné d'une plume rouge; une longue,
rapière pendait à son côté, un manteau
rouge brodé d'or couvrait ses épaules, et
sous son bras était une cassette semblable à
celle qu'Ignaz Denner avait laissée chez Andrès.
— Eh ! bien, lui dit ce personnage fantastique,
que te sembles de la question ? C'est la peine
de ta trahison envers les Indépendants ; si tu
leur avais gardé le secret, tu serais loin d'ici, et
pour jamais à l'abri de tout danger. Je t'offre
encore un moyen de salut; si tu veux avaler

quelques gouttes de cet élixir composé avec le
sang de ton enfant, tes plaies seront aussitôt gué-
ries, et tu seras libre.

Andrès muet d'effroi, crut voir l'Ange des ténèbres et pria Dieu intérieurement de le protéger
contre ses attaques. Le fantôme, devinant sa
pensée, disparut, avec un éclat de rire sardonique, sans laisser aucune trace de son apparition.
Lorsqu'Andrès fut un peu calmé, et comme il
cherchait quelque repos sur sa couche, il sentit la paille se soulever, puis s'affaisser à l'endroit
de sa tête. Une ouverture s'était faite dans le sol,
et par là il entendit la voix connue de Denner
qui lui disait : — Je veux sauver ta tête du gibet ;
je suis arrivé jusqu'à toi à travers mille dangers,
je t'offre un dernier moyen de salut, car j'ai pitié, non pas de toi, qui es un lâche délateur,
mais de ta femme. Prends cette lime et cette scie,
l'une te servira à enlever la serrure, l'autre à
couper tes chaînes. La porte donne sur une galerie souterraine; à gauche une ouverture non gardée
te conduira à l'extérieur de la prison. Tu trouve-
ras un de mes hommes déguisé en mendiant. Il
te guidera en lieu sûr. Adieu et bonne chance !

Andrès prit sans répondre les instruments de
salut qui lui étaient offerts. Mais le lendemain
matin, il fit appeler le juge, et les lui livra en
lui disant qu'il ne voulait pas devoir son salut à
un scélérat qui était la cause de tous ses malheurs,

et qu'il préférait la mort à une fuite où l'on verrait un aveu de sa culpabilité. Le juge fut touché de cette déclaration et ordonna qu'on le mît dans une prison moins rigoureuse. Mais comme les Indépendants avaient des ramifications qui s'étendaient dans toute l'Allemagne et même dans l'Italie, et qu'il fallait faire un exemple, Andrès fut condamné à mort avec Ignaz Denner, et la seule grâce qu'on lui fit, fut de permettre qu'il reçût la sépulture ecclésiastique.

Le matin du jour fixé pour le supplice, Andrès vit entrer dans sa prison le neveu du comte de Bach, qui vint l'adjurer, au nom de Dieu, de sa femme et de son enfant, de se reconnaître coupable du meurtre de son oncle. Andrès protesta, avec toute la force que donne l'innocence, qu'il n'avait pas commis un si grand crime. -- Comment se fait-il donc que les deux forestiers s'accordent à dire qu'ils l'ont vu de leurs propre yeux tuer leur maître ? — Je ne sais, répondit Andrès, mais s'ils ont cru me voir, il faut que Satan ait pris ma ressemblance pour les tromper ou pour me perdre. Puisqu'on me croit coupable, Dieu saura bien me justifier.

Le jeune comte se retira fort ému, en lui promettant de ne pas abandonner sa femme et son enfant. Bientôt le glas funèbre annonça l'heure du supplice, et Andrès fut conduit par des soldats sur le lieu de l'exécution. Il récitait à haute

voix ses prières, et excitait la pitié du peuple.
Ignaz Denner au contraire marchait avec un air
orgueilleux qui faisait naître la répulsion, et le
peuple ne lui épargnait pas les imprécations.
Tout à coup une femme fend la foule et se pré-
cipite dans les bras d'Andrès, qui, devant être
exécuté le premier, allait monter les marches
de l'échafaud. Le juge, voyant l'émotion des assistants, et craignant quelque tumulte, donna
ordre de presser l'exécution, et la corde fatale
était déjà autour du cou d'Andrès, lorsqu'un
homme arrivant au grand galop de son cheval,
agitait en l'air son chapeau, et criait de toutes
ses forces : — Arrêtez! arrêtez! vous allez
faire mourir un innocent!

C'était le banquier de Francfort qui, à son
retour, apprenant la condamnation d'Andrès,
accourait pour dire que dans le temps qu'on
saccageait le château de Bach, Andrès était chez
lui, et qu'il était impossible qu'il fût au nombre
des brigands. Le magistrat, après cette déclaration, fit surseoir à l'exécution et fit ramener Andrès et Denner dans la prison. Le banquier
avait entendu parler dans une auberge de Vienne
du procès d'Andrès, et de l'alibi qu'il n'avait pas
pu prouver, à cause de l'absence du seul témoin
qui pût attester sa véracité. Il ne perdit pas une
minute pour sauver une vie qui dépendait de
lui, et arriva tout juste à temps pour empêcher

une de ces déplorables erreurs de la justice humaine. Le procès d'Andrès fut révisé, et Denner lui-même, comme s'il avait reconnu l'intervention manifeste de la justice divine, avoua la fausseté de son accusation. Andrès fut acquitté, et déchargé de toute peine pour avoir assisté au pillage de la ferme, et avoir tardé à dénoncer les brigands. On jugea qu'il avait assez souffert. Le jeune comte de Bach voulut qu'il vînt habiter avec sa femme et son enfant au château qu'il venait de faire splendidement rebâtir, et le nomma intendant de toutes ses chasses. Il est inutile de dépeindre la joie de Giorgina et de son mari ; il est aisé de se l'imaginer.

L'innocence d'Andrès étant reconnue, les charges s'accumulaient encore sur la tête de Denner. De toutes parts arrivaient des révélations nouvelles sur ses crimes. Il ne chercha pas même à s'en défendre, et voulut finir par un coup de théâtre en dévoilant devant le tribunal toute la série de ses iniquités. Dès sa jeunesse il avait fait un pacte avec le diable, et voici les faits les plus intéressants recueillis dans les archives du tribunal.

On voyait à Naples un médecin appelé Trabacchio, qu'on avait surnommé le docteur Miracle, à cause de ses cures merveilleuses. On ne savait quel âge lui donner, tant il était agile, quoique des vieillards fort âgés l'eussent connu dans leur jeunesse. Sa physionomie était d'une

laideur repoussante, sans qu'un air de bonté la
tempérât. Quoiqu'il n'inspirât aucune sympathie,
il était bien accueilli partout, tant son habileté
était grande. Il donnait pourtant des remèdes
étranges, et souvent il guérissait des maladies
réputées incurables, par son seul regard fixé sur
le siége du mal. Trabacchio portait ordinairement sur son habit noir un manteau rouge brodé
d'étoiles d'or, sous lequel sortait une longue rapière. Il tenait sous le bras une cassette où
étaient ses médicaments. Chacun, en le voyant
passer, se rangeait et le saluait avec un respect
mêlé de terreur. On ne l'appelait pas volontiers,
et ce n'était que dans les maladies désespérées
que l'on avait recours à lui. Il n'exigeait rien des
pauvres gens, et se contentait de ce que les riches lui donnaient. Sa dépense était cependant
hors de proportion avec ses revenus apparents.
Il avait eu plusieurs femmes qui étaient mortes
à peu d'intervalle les unes des autres, et chaque
fois il leur avait fait des funérailles magnifiques.
Il avait toujours tenu ses femmes renfermées, et
le fils unique qu'il avait eu de la dernière
était élevé dans le secret le plus absolu. On ne
le vit qu'une fois, assis à côté de son père au
festin des funérailles de sa mère; il avait alors
trois ans. Cette fois Trabacchio annonça aux
convives qu'il ne se marierait plus, son désir
d'avoir un fils étant rempli. Son genre de vie si

mystérieux donnait lieu aux suppositions les plus extraordinaires, mais il n'en tenait nul compte.

Une aventure singulière confirma les soupçons qu'excitait Trabacchio. Une nuit, des jeunes gens attardés à la suite d'une partie de campagne, virent tout-à-coup, aux approches de la ville, un coq gigantesque dont la tête était ornée d'une ramure de cerf en guise de crête ; il courait en agitant ses ailes couleur de feu, et à sa suite marchait à grands pas un personnage couvert d'un manteau rouge. — Eh ! n'est-ce pas le docteur Miracle ? se dirent les jeunes gens. Ces deux êtres les dépassèrent, et leurs traces étaient marquées par un sillon lumineux. Animés par le vin qu'ils avaient bu, les jeunes gens ne craignirent pas de les suivre, et ils virent le coq s'élancer en volant aux fenêtres du premier étage d'une maison isolée et frapper aux vitres avec son bec. Ils entendirent une voix cassée crier de l'intérieur : — Entrez, soyez les bienvenus ! A ces mots Trabacchio s'éleva en l'air en agitant les pieds, comme s'il montait les marches d'une échelle invisible, la fenêtre s'ouvrit, et ils entrèrent le coq et lui. La fenêtre se referma avec grand bruit, tout rentra dans l'obscurité et le silence, et les jeunes-gens se retirèrent pleins d'effroi. Le récit qu'ils firent de cette aventure parvint aux oreilles de l'inquisition, qui depuis longtemps faisait surveiller Trabacchio. On découvrit qu'on l'avait vu maintes fois chez lui tête à tête avec un grand coq, avec lequel il paraissait s'entretenir dans un langage inconnu, peut-être sur les sciences occultes.

La justice séculière prévint les mesures que l'inquisition allait prendre. On avait fait une descente chez lui, à la suite de plusieurs empoisonnements qu'on lui attribuait. L'héritier d'un homme riche avoua que la mort de l'oncle qui lui laissait ses biens était due aux drogues que Trabacchio lui avait vendues bien cher. C'était la source de l'immense fortune du docteur Miracle. On ne découvrit plus chez lui son enfant. La vieille femme qui le servait fut arrêtée, et déclara que son maître possédait le secret d'un poison subtil, appelé *aqua tofana*, qui tuait sans laisser la moindre trace. On saisit chez lui une cassette pleine de poisons. La vieille révéla que son maître avait des relations avec les esprits infernaux, et que Satan lui apparaissait en personne sous des formes diverses. Chacune de ses femmes lui avait donné un enfant que personne n'avait jamais vu ; les pauvres créatures étaient égorgées sans pitié, quand elles étaient âgées de neuf semaines ou de neuf mois. Trabacchio leur ouvrait la poitrine, en arrachait le cœur dont il exprimait le sang, pour en composer

5.

cet élixir qui faisait des cures merveilleuses.
Dès qu'il avait fait mourir les enfants, Trabacchio empoisonnait leurs mères. Sa dernière
femme seule n'était pas morte, et son fils avait
échappé, par un caprice de Trabacchio, à la
mort cruelle de ses frères.

Loin de s'émouvoir de la découverte de ses
crimes, le docteur Miracle raconta, avec un im-
pudent cynisme, tous ses autres méfaits, ses rapports avec les démons, et bien d'autres mystères
épouvantables. Il fut condamné à être brûlé vif
avec la vieille sa complice. Sa maison fut visitée
et fouillée avec soin ; mais on n'y trouva ni livres de sciences occultes, ni instruments de sorcellerie. On ne remarqua dans cette maison rien
qu'on n'eût pu trouver dans toute autre, si ce
n'est la porte d'un caveau que les serruriers
les plus habiles ne purent ouvrir. On fit appeler
des maçons pour démolir les murs sous les yeux
de la justice. Au premier coup de marteau, il
s'éleva un concert de voix lamentables, des frô-
lements d'ailes d'animaux invisibles fouettaient
les joues des travailleurs, et un vent glacial tour-
billonnait autour d'eux en sifflant. La peur les
saisit, et ils s'enfuirent. On eut recours aux exor-
cismes pour conjurer les démons. Un dominicain
fut appelé et à peine eut-il prononcé les formules
du rituel, que la porte du caveau s'ouvrit d'elle-
même ; les murs intérieurs étaient tapissés d'une

flamme bleuâtre qui exhalait une puanteur insupportable. Le religieux voulut pénétrer dans l'intérieur, mais le sol s'enfonça sous son pied, et la maison fut secouée comme par un violent tremblement de terre. Des tourbillons de flammes s'élevèrent de ce gouffre, comme d'un soupirail de l'enfer, et retombant en pluie de feu, elles forcèrent tous les assistants à se dérober à cet incendie surnaturel. La maison de Trabacchio fut bientôt toute en flammes, et au moment où la masse embrasée allait s'affaisser sur elle-même, on vit le fils de Trabacchio, enfant de douze ans, traverser les flammes sur une poutre brûlante, emportant une petite cassette sous son bras ; mais aussitôt un tourbillon de fumée le déroba à tous les yeux, et on ne sut ce qu'il était devenu.

Trabacchio et sa complice, condamnés à être brûlés vifs, furent conduits au bûcher. Pendant que le bourreau s'apprêtait à lier Trabacchio au poteau, celui-ci plaisantait, et lui disait avec un rire sardonique : — Prends garde que ces chaînes ne te brûlent bientôt toi-même. Il repoussa avec des insultes le prêtre qui voulait le soutenir dans ces moments affreux : — Retire-toi, hypocrite, lui disait-il, mon heure n'a pas encore sonné. Au moment où l'on mit le feu au bûcher, quoique le bois fût très sec et qu'un vent violent dût attiser le feu, il ne s'éleva que des tourbillons de fumée qui dérobèrent le docteur Miracle aux

yeux des spectateurs. Des éclats de rire partirent
du milieu de ces nuages, et un instant après on
vit, sur un tertre voisin du lieu de l'éxécution,
Trabacchio, couvert de son manteau rouge et
armé de sa longue rapière, narguer ceux qui
étaient venus pour être les témoins de sa mort.
Les gardes coururent pour le saisir, mais il se
déroba à tous les regards, et la vieille seule fut
consumée, en proférant les plus horribles imprécations.

Il est temps d'apprendre au lecteur qu'Ignaz
Denner n'était autre que le fils du docteur Trabacchio, échappé à l'incendie de la maison de
de son père. Le jeune homme avait fait
des progrès rapides dans les sciences occultes ;
c'étaient ses enchantements qui avaient transformé le caveau en soupirail de l'enfer. Le père
et le fils se réunirent et se réfugièrent dans d'immenses souterrains construits au-dessous d'un
monastère en ruines, qui servaient de repaire à
une bande de brigands redoutables. Ceux-ci
accueillirent avec joie les deux magiciens qui
venaient mettre leurs connaissances à leur service. Ils leur furent si utiles, que les bandits
voulaient décerner le titre de roi au docteur
Miracle, mais il le refusa, à cause des habitudes
sédentaires qu'il aurait contractées. Ce fut à son
refus persistant, que peu après, son fils, quoiqu'âgé seulement de quinze ans, reçut ce titre

de roi qui lui donnait autorité sur toutes les
bandes de brigands qui infestaient l'Italie et
l'Allemagne.

Le roi de Naples, ayant pris des mesures sévères pour délivrer ses états du fléau du brigan-
dage, les bandits traqués de toutes parts, déguer-
pirent. Le roi Trabacchio se retira en Suisse,
et cacha sa véritable profession sous celle de
marchand ambulant, que nous lui avons vu exer-
cer au commencement de ce récit. Ce fut alors
qu'il prit le nom d'Ignaz Denner. Protégé par
son père qui lui apparaissait de temps en temps,
il avait échappé à tous les dangers. Son père lui
avait promis de le soustraire à la mort à laquelle
il était condamné dans le procès d'Andrès; mais
en voyant celui-ci manifestement secouru par la
divine Providence, qui avait fait éclater son
innocence au moment même où il avait la corde
au cou, Denner eut des velléités de repentir, et
il voulait faire amende honorable pour tous ses
crimes passés.

Dans la peinture qu'on faisait du docteur Miracle, Andrès reconnut l'apparition qu'il avait
eue dans son cachot, et il comprit qu'elle avait
pour but de lui faire contracter un pacte avec le
démon. Mais quel avait été le motif de Denner en
choisissant sa maison pour demeure momentanée,
et en lui accordant les bienfaits qui avaient marqué les débuts de leurs rapports ? C'est ce qu'il

ne pouvait comprendre. Les angoisses physiques et morales qu'il avait subies avaient altéré
sa santé, et il ne pouvait remplir ses fonctions de garde. Celle de la pauvre Giorgina, trop fortement ébranlée par les souffrances de l'amour maternel et conjugal, succomba ;
elle mourut d'épuisement, loin de son pays natal, dont le doux climat lui aurait peut-être sauvé la vie. Andrès n'aurait pu résister à ce nouveau
malheur, s'il n'avait pas rassemblé toutes ses
forces pour se consacrer à son enfant. Il secoua
son abattement moral, et au bout de deux ans,
il put remplir sa charge de forestier.

Le procès de Denner fut repris, et finit par sa
condamnation au feu. Un soir que le garde forestier rentrait chez lui, accompagné de son fils,
après une ronde dans les bois, il entendit des cris
plaintifs partir du fond d'un fossé qui bordait la
route. Mû par la compassion, Andrès accourut et
vit une espèce de mendiant qui semblait souffrir beaucoup. Il l'aida à sortir du fossé, mais sa
surprise fut égale à son horreur quand il reconnut les traits d'Ignaz Denner. Il allait le repous-
ser où il l'avait pris, lorsque Trabacchio lui dit
d'un air suppliant : — Aie pitié du père de ta
femme, de ta Giorgina qui prie pour toi dans le
ciel ! Le nom de celle qu'il avait tant aimée adou-
cit le ressentiment d'Andrès, et il chargea sur ses
épaules pour le transporter à sa demeure celui

qui se disait le père de sa femme, oubliant qu'il était le meurtrier de son fils. Trabacchio, dans un accès de rage après sa condamnation, avait brisé les barreaux de sa prison. Ce premier succès l'enhardit, il escalada les murs pendant la nuit, franchit l'enceinte et tomba au fond du fossé. Moulu dans sa chûte, il perdit connaissance, et fut piqué par des insectes qui le mirent dans un état affreux. Il se traîna dans une mare, dévoré d'une soif ardente, et se désaltéra à longs traits d'une eau saumâtre qui lui rendit un peu de force, gagna les bois non sans peine, et finit par tomber d'épuisement dans le fossé où le garde-chasse l'avait trouvé. Andrès lui prodigua ses soins, et prit ses précautions pour que personne ne sût qu'il avait donné asile à un hôte si dangereux, quoique la maison de chasse qu'il habitait fût très-voisine du château de Bach.

Voici comment Trabacchio expliqua qu'il était le père de Giorgina. Il l'avait eue d'une Napolitaine. — Tu sauras, dit-il à Andrès, que pour composer cet élixir qui rend la santé, prolonge la vie, et change tous les métaux en or, il faut y employer le sang exprimé du cœur d'un enfant âgé de neuf jours ou de neuf semaines, de neuf mois ou de neuf ans, et que cet enfant me tienne le plus près possible par les liens du sang, et me soit confié volontairement par ses parents. Je voulais sacrifier pour cette opération magique la

petite Giorgina, mais sa mère s'y opposa. Toutes
deux disparurent avant que Giorgina eût neuf
ans accomplis, et je ne sus qu'après plusieurs
années que ma fille était servante d'auberge, et
l'objet de mauvais traitements. J'appris plus tard
ton mariage avec elle et je vins vous visiter. Tu
comprends maintenant pourquoi j'aimais ta
femme, et aussi pourquoi j'ai été si cruel pour
ton enfant. Je me repens de mes crimes, et j'espère quelquefois que Dieu me fera miséricorde,
mais d'autres fois je tombe dans le désespoir.
Je te dirai maintenant que cette cassette précieuse que je t'ai confiée est la même que je sauvai de la maison de mon père en flammes. Garde-
là : ce qu'elle contient sera la dot de ton enfant.

Andrès, ému d'un côté par le repentir de
Denner (nous continuerons de l'appeler ainsi
pour le distinguer de Trabacchio, le docteur
Miracle), et cependant se défiant toujours d'un
homme qui avait commis tant de crimes épouvantables, crut devoir confier son secret au comte
de Bach. Cependant Denner continuait à habiter
chez Andrès sans que sa conduite eût rien de
suspect. Mais Andrès reçut un jour les plaintes
d'un vieux forestier, qui le blâmait de donner
asile à un sorcier qui avait commerce la nuit
avec les puissances infernales; il avait vu, disait-il, une figure affreusement laide, enveloppée
d'un manteau rouge, qui voltigeait en l'air devant

la fenêtre de la chambre de Denner, et qui paraissait s'entretenir avec lui. Andrès renvoya le forestier à son affaire, et reprocha ensuite à Denner de retomber dans ses pratiques abominables. Denner lui répondit que c'était bien malgré lui que son père Trabacchio venait le trouver pour l'empêcher de se convertir et l'entraîner en enfer ; qu'il faisait tous ses efforts pour lui résister, et qu'il espérait finir sa vie dans une sincère pénitence.

Cependant, malgré les protestations de Denner, Andrès éprouvait toujours un malaise inexprimable, quand il faisait sa prière du soir à côté de son hôte ; tantôt le vent éteignait sa lumière, tantôt il tournait les feuillets de son livre de prières, quelquefois son chapelet s'échappait de ses mains, il entendait au dehors des voix étranges, des battements d'ailes frappaient les vitres, enfin ses oraisons étaient toujours troublées par quelque petit incident qui détournait malgré lui sa pensée de Dieu. Lorsque Andrès croyait y voir quelque maléfice, Denner cherchait à le rassurer, en mettant tout cela sur le compte de la tempête ou de l'imagination du garde-forestier. Un soir cependant Andrès n'y tint plus :—Sainte Vierge ! s'écria-t-il, si vous aviez renoncé sincèrement à vos sortilèges, votre père Trabachio ne nous tourmenterait plus ainsi. Laissez-moi tranquille dans ma maison, et allez établir votre domicile au fond des souterrains du château. Vous vous en trouverez mieux, et moi aussi.

Denner le supplia de lui accorder vingt-quatre heures de répit. Andrès y consentit à contrecœur. Le lendemain, pendant qu'il faisait sa ronde dans les bois, les pensées les plus tristes le vinrent assaillir ; le souvenir de sa femme morte si jeune, de son enfant si affreusement égorgé, des malheurs sans nombre qui s'étaient acharnés sur lui, troublait son esprit à un tel point, qu'il quitta sans s'en apercevoir les sentiers battus, et qu'il s'égara. La nuit le surprit avant qu'il eût retrouvé son chemin, il vit de loin luire une clarté blafarde, vers laquelle il se dirigea, en armant sa carabine par précaution. Quand il fut près du foyer de cette lumière, il regarda à travers les massifs de verdure, et aperçut d'abord la figure de Trabacchio, avec son manteau écarlate, son *sombrero* espagnol orné de plumes de coq, et sa cassette sous le bras. Il frémit à cette apparition qui lui fit pressentir quelque scène d'horreur. Mais comment dépeindre son effroi et son indignation, quand il vit son fils Georges étendu sur un gril, et Ignaz Denner, un couteau levé pour l'égorger. Coucher en joue l'assassin, et lâcher la détente, ce fut l'affaire d'un instant. Ignaz Denner frappé d'une balle au front tomba mort ; Andrès se précipita sur son enfant pour le délivrer de ses liens, et l'emporta dans ses bras en courant com-

me un fou loin de cet affreux endroit. L'apparition de Trabacchio s'était évanouie au moment
même où le coup de feu était parti. Dans sa
course rapide, Andrès reconnut heureusement un
sentier battu, et rapporta chez lui son enfant.
Puis il revint avec son domestique pour enter-
rer le cadavre de Denner : — Que Dieu me
pardonne ce meurtre ! dit il, je ne l'ai tué que
pour sauver la vie de mon enfant. Il planta une
croix sur la fosse, en priant Dieu pour ce malheureux, et il alla rendre compte au seigneur de
cette nouvelle aventure. Le lendemain la croix
avait disparu, et le cadavre avait été enlevé. Le
comte de Bach félicita Andrès d'avoir délivré le
pays d'un homme si dangereux, et voulut que le
récit de cette lamentable histoire fût écrit et
conservé dans les archives du château.

Depuis la mort d'Ignaz Denner, Andrès n'avait
plus de repos ; des bruits étranges l'empêchaient
de dormir, ou des rêves affreux agitaient son
sommeil. Une tristesse profonde, des craintes
chimériques lui rendaient la vie insupportable.
Il attribuait ses tourments à l'influence occulte
du docteur Miracle. Un beau jour, il alla chercher la cassette qu'Ignaz Denner lui avait donnée à garder, et la précipita dans un gouffre
creusé par la cascade écumante d'un torrent
voisin. Après cela, le calme rentra dans sa demeure, et il vécut jusqu'à une vieillesse avancée,
sans qu'aucun nouveau malheur vînt le frapper.

LES AVENTURES

DE MARTIN WALDECK

par Walter Scott

Les solitudes de la forêt du Harz en Allemagne, mais surtout les montagnes appelées Blockberg ou plutôt Brockenberg, sont le théâtre des contes de sorcières, des démons et des apparitions. Le genre de vie des habitants, qui sont mineurs ou bûcherons, les rend très enclins à la superstition, et ils attribuent souvent à la magie les phénomènes naturels dont ils sont témoins dans leurs occupations solitaires, ou dans leurs travaux souterrains. Parmi les diverses légendes qui ont cours dans cette contrée sauvage, la plus répandue est celle qui suppose que la forêt du Harz est hantée par un démon protecteur, qu'on représente sous la forme d'un homme gigantesque, avec une couronne et une ceinture de feuilles de chêne, portant à la main un pin déraciné.

Il est certain que plusieurs personnes assurent avoir vu une figure pareille se promener sur le sommet des montagnes, et le fait de cette apparition est si généralement admis, que le scepticisme moderne n'a d'autre ressource que de l'attribuer à une illusion d'optique.

Dans les anciens temps, les rapports de ce démon avec les habitants étaient plus familiers, et, selon les traditions de la forêt de Harz, il se mêlait des affaires des mortels, avec le caprice assez ordinaire aux esprits, tantôt pour leur faire du bien, tantôt pour leur faire du mal. Mais on observait qu'à la longue ses dons finissaient par être nuisibles à ceux qui les avaient reçus, et il n'était pas rare que les pasteurs, dans leur zèle pour leurs troupeaux, composassent de longs sermons pour les empêcher d'avoir aucun commerce avec le démon du Harz. Les aventures de Martin Waldeck ont été souvent racontées par les vieillards à leurs enfants, quand ils les voyaient rire d'un danger qui leur paraissait imaginaire.

Un capucin missionnaire occupait la chaire de l'église d'un petit hameau appelé Morgenbrodt, situé dans la forêt du Harz, d'où il tonnait contre la méchanceté des habitants, leur commerce avec les démons et les fées, et en particulier avec l'esprit des bois. La doctrine de Luther commençait à se répandre parmi les paysans,

(car l'événement que nous racontons a eu lieu
sous le règne de Charles Quint) et ils se mo-
quaient du zèle avec lequel cet homme vénéra-
rable insistait sur ce sujet. Enfin, de même que
sa véhémence augmentait avec leur opposition,
ainsi leur opposition croissait à proportion de
sa véhémence. Les habitants n'aimaient pas à
voir un démon paisible qui vivait sur le Brockenberg depuis tant de siècles, confondu avec
Belphégor, Astaroth et Beelzebut, et condamné sans appel au feu éternel. La crainte
que l'esprit ne se vengeât sur eux de ce qu'ils
écoutaient une sentence si injuste, ajoutait encore à l'intérêt qu'ils lui portaient. « Un missionnaire qui aujourd'hui est ici et demain n'y
est plus, disaient-ils, peut dire ce qui lui plait ;
mais nous qui depuis longtemps habitons cette
contrée, nous sommes laissés à la merci du démon insulté ; et nous payerons pour tous. »
L'irritation causée par ces réflexions les fit passer
des injures aux voies de fait ; ils saisirent des
pierres et forcèrent le prêtre à aller prêcher ailleurs contre les démons.

Trois jeunes gens qui avaient été présents à
cet événement, retournaient à leur chaumière
où ils s'occupaient à préparer du charbon pour
les forges. Dans la route, leur conversation
tomba naturellement sur le démon du Harz et
sur la doctrine du capucin. Max et Georges

Waldeck, les deux frères aînés, tout en avouant
que le langage du capucin avait été indiscret ,
lorsqu'il avait voulu déterminer d'une manière
précise le caractère du démon et sa demeure ,
soutenaient cependant qu'il était très dangereux
de recevoir ses dons , et d'avoir quelques rapports avec lui. Il était puissant, mais capricieux,
et ceux qui avaient commerce avec lui faisaient
rarement une bonne fin. N'avait-il pas donné au
brave chevalier Ecbert de Rabenwole ce fameux
cheval noir , par le moyen duquel il vainquit
tous les champions au grand tournois de Brême.
Et ce même cheval ne précipita-t-il pas son cava.
lier dans un abyme si profond qu'on n'a plus vu
ni l'un ni l'autre ? N'avait-il pas donné à Dame
Gertrude Trodden un charme pour faire le beur-
re ? Et ne fut-elle pas brûlée comme sorcière par
le grand juge criminel de l'Electorat , parce
qu'elle se vantait de ce don ? Mais toutes ces
histoires faisaient peu d'impression sur Martin
Waldeck , le plus jeune des frères.

Martin était jeune, téméraire et impétueux ,
adroit dans tous les exercices qui distinguent les
montagnards , bravant des dangers avec lesquels
il s'était rendu familier, il riait de la timidité de
ses frères. — Ne contez plus de pareilles sornet-
tes , le démon est un bon démon, il vit au milieu
de nous comme s'il était un paysan comme nous,
il fréquente les cavernes et les retraites des mon-

tagnes, comme un chasseur ou un pâtre; celui
qui aime la forêt du Harz et ses sites sauvages,
ne peut pas être indifférent au destin des enfants
du sol. Si le démon était aussi malicieux que
vous le dites, comment aurait-il quelque pouvoir sur les masses qui reçoivent ses dons sans
se soumettre à sa puissance ? Lorsque vous portez votre charbon à la forge, l'argent que vous
recevez du blasphémateur Blaize, n'est-il pas
aussi bon que si vous le receviez du pasteur lui-
même ? Ce ne sont pas les dons de l'esprit qui vous
mettront en danger, mais c'est l'usage que vous
en ferez dont vous aurez à rendre compte. Si le
démon m'apparaissait en ce moment et m'indiquait une mine d'or ou d'argent, je commence-
rais à la creuser avant qu'il eût tourné le dos, et
je me croirais sous la protection d'un être plus
puissant que lui, tant que je ferais un bon usage
de la richesse dont il m'aurait mis en possession.

Son frère aîné lui répondit que les richesses
mal acquises étaient ordinairement mal dépen-
sées, tandis que Martin assurait d'un ton présomp-
tueux que la possession de tous les trésors de la
forêt du Harz n'apporterait pas le moindre changement dans ses habitudes, ses mœurs et son caractère.

Ses frères supplièrent Martin de parler avec
moins de témérité sur un pareil sujet, et parvinrent avec beaucoup de difficulté à attirer son

attention sur une chasse au sanglier qui s'approchait. En parlant ainsi, ils arrivèrent à leur chaumière, située dans une gorge étroite, sauvage et romantique du Brockenberg. Ils relevèrent leur sœur dans l'opération de la cuite du charbon, qui demande une attention constante, et ils se partagèrent entr'eux l'occupation de veiller alternativement pendant la nuit.

Max Waldeck l'aîné veilla pendant les deux premières heures de la nuit ; et il fut vivement alarmé en observant sur le côté opposé de la vallée un grand feu environné de figures qui dansaient en rond en faisant diverses postures. La première idée de Max fut d'éveiller ses frères ; mais se rappelant le caractère audacieux du plus jeune, et voyant qu'il était impossible d'éveiller l'un sans l'autre ; pensant aussi que c'était peut-être une illusion du démon par suite des expressions téméraires de Martin, il jugea plus prudent de se mettre en prières et d'attendre la fin de cette étrange apparition. Après avoir brillé pendant quelque temps, le feu s'éteignit par degrés et fit place à une obscurité profonde, et le reste de la veille de Max ne fut troublé que par le souvenir de ses terreurs.

Georges prit la place de Max, qui alla se reposer. Le phénomène du feu allumé sur le flanc opposé de la montagne se renouvela à ses yeux. Il était entouré de figures que leurs formes opa-

6

ques placées entre le feu et l'œil du spectateur
faisaient distinguer ; elles se mouvaient tout
autour comme si elles étaient occupées à quelques cérémonies mystérieuses. Georges, quoique également prudent, était d'un caractère plus
courageux que son aîné. Il résolut d'examiner
de plus près l'objet de son étonnement. Il franchit le ruisseau qui traversait la vallée, monta
sur le flanc opposé, et arriva à une portée de
flèche du feu qui paraissait brûler avec la même
ardeur qu'auparavant.

Ceux qui l'environnaient ressemblaient à ces
fantômes que l'on voit dans un rêve agité, et
le confirmèrent dans l'idée qu'ils n'étaient pas
de ce monde. Parmi ces êtres fantastiques,
Georges Waldeck distingua un géant tenant à
la main un arbre déraciné dont il se servait
de temps en temps pour attiser le feu, et qui
n'avait d'autres vêtements qu'une couronne et
une ceinture de feuilles de chêne. Le cœur de
Georges palpita, lorsqu'il reconnut la figure
du démon du Harz, que les vieux bergers et
les chasseurs lui avaient dépeint plusieurs fois,
pour l'avoir vu errer dans les montagnes. Il
tourna le dos et se préparait à fuir ; mais il
eut honte de sa faiblesse ; il récita mentale-
ment le premier verset du psaume *Tous les
bons anges louent le Seigneur*, qu'on regarde
dans ce pays comme un puissant exorcisme,

et il se retourna vers l'endroit où il avait vu le
feu. Mais il avait disparu.

La pâle clarté de la lune éclairait seule le
flanc de la montagne, et lorsque Georges, la
démarche tremblante, le front inondé d'une
sueur froide, les cheveux hérissés, fut arrivé
à l'endroit où le feu avait paru brûler, et qui
était marqué par un grand chêne, il n'en vit
pas le plus léger vestige. La mousse et les
fleurs sauvages n'avaient pas été foulées, les
branches du chêne qui semblaient enveloppées
de tourbillons de flammes et de fumée, étaient
humides de la rosée de la nuit.

Georges retourna en tremblant à sa chaumière, et faisant la même réflexion que son
frère aîné, il résolut de ne rien dire de ce qu'il
avait vu, de peur d'éveiller dans Martin cette
curiosité audacieuse qu'il regardait presque
comme unie à l'impiété.

C'était maintenant le tour de Martin de
veiller. Le coq de la maison avait déjà chanté,
et la nuit était presque finie. En examinant
l'état de la fournaise où le bois était placé pour
être réduit en charbon, il fut surpris de ce
que le feu n'avait pas été suffisamment entre-
tenu ; car dans son excursion, Georges avait
oublié le principal objet de sa veille. La première pensée de Martin fut d'appeler ses frères, mais observant qu'ils étaient plongés dans

un sommeil très profond, il respecta leur repos, et se mit à alimenter le feu sans leur secours. Le bois qu'il y jeta paraissait humide et peu propre à brûler, car le feu loin de se raviver semblait s'éteindre. Martin alla chercher quelques broussailles, qu'on avait fait sécher avec soin ; mais lorsqu'il retourna, le feu était totalement éteint. C'était un accident sérieux qui les menaçait d'une perte de plusieurs jours de travail. Martin vexé de ce contretemps voulut battre du feu, mais l'amadou était mouillé et il n'en put venir à bout. Il allait appeler ses frères, lorsqu'une vive lueur pénétra non seulement par la fenêtre, mais encore par toutes les fentes de leur chaumière grossièrement bâtie, et le força à regarder la même apparition qui avait effrayé ses frères. Sa première pensée fut que les Mulhelhaussers, leurs rivaux, avec qui ils avaient eu plusieurs querelles, avaient franchi leurs limites, pour voler leurs bois, et il résolut d'éveiller ses frères pour se venger de leur audace. Mais, après un moment de réflexion, et en observant les gestes et les postures de ceux qui se jouaient au milieu du feu, tout incrédule qu'il était, il jugea que c'était un phénomène surnaturel. Qu'ils soient hommes ou démons, dit l'intrépide bûcheron, ceux que je vois occupés à des cérémonies fantastiques, je vais leur deman-

der du feu pour rallumer notre fournaise. Il
abandonna en même temps l'idée d'éveiller ses
frères. On croyait généralement qu'une seule
personne à la fois pouvait tenter des aventures
pareilles à celle qu'il allait entreprendre; il
craignit aussi que ses frères, dans leur timidité scrupuleuse, ne l'empêchassent d'exécu-
ter son dessein; il détacha donc sa lance du
mur, et sortit pour tenter seul l'aventure.

Avec le même succès que son frère Georges, mais avec un courage bien supérieur,
Martin traversa le ruisseau, monta sur la
hauteur, et approcha si près de l'assemblée des esprits, qu'il reconnut le démon du
Harz qui la présidait. Il frissonna d'effroi
pour la première fois de sa vie; mais se sou-
venant que de loin il avait désiré et même solli-
cité cette entrevue, il rappela son courage, et,
l'orgueil suppléant à la résolution, il s'avança
avec assez de fermeté vers le feu. Plus il en
approchait, plus les figures qui l'entouraient
étaient hideuses et fantastiques. Il fut reçu
par des éclats de rire discordants et peu naturels, qui parurent plus alarmants à ses
oreilles que les sons les plus tristes et les plus
désagréables qu'il eût pu imaginer. Qui es-
tu? dit le géant en donnant une espèce de gra-
vité à ses traits sauvages, qui semblaient de
temps en temps contractés par la convulsion
du rire qu'il voulait réprimer.   6.

— Martin Waldeck le bûcheron, répondit le hardi jeune homme ; et vous, qui êtes vous ?

— Le roi des forêts et des mines, répondit le spectre ; pourquoi oses-tu troubler mes mystères ?

— Je suis venu chercher du feu pour rallumer ma fournaise, répondit l'audacieux Martin ; puis il lui demanda hardiment à son tour : Quels sont les mystères que vous célébrez ici ?

— Nous célébrons, répondit le complaisant démon, les noces d'Hermès avec le Dragon Noir : mais prends le feu que tu es venu chercher et va-t-en. Nul mortel ne peut nous regarder longtemps sans mourir.

Le paysan enfonça la pointe de sa lance dans un tison enflammé, le souleva avec peine et s'éloigna au milieu des éclats de rire qui redoublèrent de violence et qui firent retentir toute la vallée. Lorsque Martin rentra dans sa chaumière, son premier soin, quelque étonné qu'il fût de tout ce qu'il avait vu, fut de placer le tison au milieu du feu, mais malgré tous ses efforts, il ne put parvenir à rallumer les charbons, et le bois qu'il avait pris au feu des démons finit par s'éteindre. Il se retourna et remarqua que le brasier brûlait encore sur la montagne, quoiqu'il n'y eût plus personne alentour. Persuadé que le

spectre avait voulu se moquer de lui ; il s'a-
bandonna à sa hardiesse naturelle, et résolu
de voir la fin de cette aventure, il retourna au
feu, où il prit un autre tison enflammé sans
que le démon s'y opposât, mais il ne put
réussir à rallumer sa fournaise. L'impunité
ayant accru son audace, il osa faire une troisième expérience, et parvint avec autant de
succès jusqu'au feu ; mais lorsqu'il eut pris
une autre pièce de bois enflammé, et qu'il eut
tourné le dos pour s'éloigner, il entendit la
voix discordante et surnaturelle du démon
prononcer ces mots : — Ose retourner ici une
quatrième fois !

Ses efforts pour rallumer le feu avec ce
dernier tison ayant été aussi infructueux que
les autres, Martin Waldeck y renonça et se
jeta sur un lit de feuilles sèches, pour attendre le moment de raconter à ses frères son
aventure extraordinaire. Il fut tiré d'un profond sommeil dans lequel l'avaient plongé la
fatigue de son corps et l'agitation de son esprit, par de bruyantes exclamations de surprise et de joie. Ses frères étonnés de voir le
feu éteint lorsqu'ils s'éveillèrent, commencèrent par arranger le charbon pour le rallumer, lorsqu'ils trouvèrent parmi les cendres,
trois grandes masses métalliques, qu'ils reconnurent pour de l'or pur, car la plupart des

paysans de la forêt du Harz sont minéralo-
gistes par pratique.

Leur joie fut un peu diminuée, lorsqu'ils
apprirent de Martin la manière dont il avait
acquis ce trésor. Ce qu'ils avaient vu eux-mêmes, leur fit croire facilement ce qu'il leur
raconta. Mais ils ne purent résister à la tenta-
tion de partager les richesses de leur frère.
Martin Waldeck se mettant à la tête de la
maison acheta des terres et des forêts, bâtit
un château, obtint des lettres de noblesse, et,
au mépris de l'ancienne noblesse du voisinage,
il fut investi de tous les privilèges d'un homme
d'une haute naissance. Son courage dans la
guerre et dans les querelles privées, et le
nombre des hommes-d'armes, qu'il avait à sa
solde, le soutint pendant quelque temps contre la haine qu'il s'était attirée par son éléva
tion soudaine, et par l'arrogance de ses prétentions. Martin Waldeck prouva, ainsi que tant
d'autres, combien peu les mortels peuvent
prévoir l'effet d'une prospérité inattendue sur
leur caractère. Les mauvaises dispositions de
son naturel que la pauvreté avait réprimées,
se développèrent et portèrent leurs fruits, par
les tentations et les moyens de s'y livrer.
Comme on ne s'arrête pas en tombant dans
l'abyme, une passion en éveilla une autre ; le
démon de l'avarice appela celui de l'orgueil et

l'orgueil fut accompagné de la cruauté et de l'oppression. Le caractère de Waldeck, toujours courageux et hardi, mais rendu plus arrogant et plus dur par la prospérité, lui attira la haine, non seulement des nobles, mais encore des classes inférieures, qui voyaient avec un double dégoût, les droits oppressifs de la noblesse féodale de l'Empire exercés sans remords par un homme sorti de la lie du peuple. Son aventure, quoique cachée avec soin, commença à circuler, et le clergé condamnait déjà comme sorcier et complice des démons, le scélérat qui avait acquis un trésor d'une manière si étrange. Environné d'ennemis ouverts ou cachés, tourmenté par des querelles particulières, menacé d'excommunication par l'église, Martin Waldeck, ou, comme il faut maintenant l'appeler, le baron von Waldeck, regrettait souvent avec amertume les travaux de sa paisible pauvreté. Mais son courage ne l'abandonnait pas au milieu de ces difficultés, et il semblait augmenter avec les dangers qui l'environnaient, lorsqu'un accident hâta sa chûte.

Une proclamation du duc régnant de Brunswick avait invité à un tournoi solennel tous les nobles allemands d'une extraction pure et honorable. Martin Waldeck, richement armé, accompagné de ses deux frères et d'une suite

brillante, eut l'arrogance de paraître parmi
les chevaliers de la province, et demanda la
permission d'entrer dans la lice. Cette demande parut mettre le comble à sa présomp-
tion. Mille voix s'écrièrent : Point de charbon-
nier ! Hors de lui, Martin Waldeck tira son
épée et frappa le héraut qui s'opposait à son
entrée. Cent épées furent tirées pour venger
ce crime, qui alors était presque aussi coupable que le sacrilège ou le régicide. Waldeck
après s'être défendu comme un lion, fut saisi,
jugé sur le lieu même par les juges du camp,
et condamné, pour avoir troublé la paix de
son souverain, et violé la personne sacrée d'un
héraut-d'armes, à avoir la main droite coupée,
à être privé des honneurs de la noblesse dont
il était indigne, et à être chassé de la ville.
Lorsqu'il eut été dépouillé de ses armes, et
qu'il eut souffert la mutilation infligée par
cette sentence sévère, la malheureuse victime
de l'ambition fut abandonnée à la populace, qui
le suivit en proférant des injures et des menaces, l'appelant oppresseur et sorcier, et
qui en vint enfin à des voies de fait. Ses frères
(car sa suite s'était dispersée) parvinrent à le
tirer des mains de la populace, lorsque ras-
sasiée de cruautés, elle l'eut laissé à demi-
mort du sang qu'il avait perdu et des outrages
qu'il avait reçus. On ne leur permit pas, tant

la cruauté de leurs ennemis était raffinée, de
se servir d'un autre moyen de transport
que d'un tombereau, tel que celui dont ils se
servaient autrefois. Ils y déposèrent leur frère
sur un tas de paille, espérant à peine atteindre
un asile avant que la mort l'eut délivré de ses
souffrances.

Lorsque les Waldecks, voyageant de cette
misérable manière, approchèrent de leur pays
natal, ils aperçurent, dans un chemin creux
entre deux montagnes, une figure qui s'avançait vers eux et qu'ils prirent pour un vieillard. Mais à mesure qu'il s'approchait, sa
taille et ses membres semblaient grandir, son
manteau tomba de ses épaules, son bâton de
pélerin se changea en un pin déraciné, et ils
reconnurent la forme gigantesque du démon
du Harz. Lorsqu'il se trouva vis-à-vis la char-
rette où gisait le malheureux Waldeck, ses
traits se contractèrent en un sourire méchant et
dédaigneux, et il demanda au blessé : Comment trouves-tu le feu que mes tisons ont allumé ? La faculté de se mouvoir, que la terreur avait suspendue chez les deux frères ,
parut rendue à Martin par l'énergie de son
courage. Il se leva sur son séant, fronça le
sourcil, et secouant contre le spectre son poi-
gnet sanglant, il lui lança un regard de haine et
de défi. Le démon disparut en faisant un éclat

de rire aussi bruyant, aussi affreux qu'à l'ordinaire, et laissa Waldeck épuisé par cet effort
de la nature expirante.

Les frères épouvantés conduisirent la char-
rette vers les tours d'un couvent qui s'élevaient
au milieu des pins à peu de distance de la
route. Ils y furent reçus charitablement par
un capucin, aux pieds nus et à longue barbe,
et Martin ne survécut que le temps nécessaire
pour achever la première confession qu'il eût
faite depuis sa prospérité soudaine, et pour
recevoir l'absolution du même prêtre qu'il
avait aidé à chasser du hameau de Morgenbrodt, trois ans auparavant à pareil jour.
On supposa que les trois années de sa prospérité précaire avaient un rapport mystérieux
avec les trois visites qu'il avait faites au feu
allumé par les démons sur la montagne.

Le corps de Martin Waldeck fut enterré
dans le couvent où il expira, et ses frères,
ayant pris l'habit de l'ordre, y vécurent et y
moururent en se livrant à des pratiques de
dévotion. Ses terres que personne ne réclamait
demeurèrent incultes, jusqu'à ce que l'empe-
reur s'en empara comme d'un fief vacant, et
les ruines du château que Waldeck avait appelé de son nom sont, au rapport des mineurs et des bûcherons, la demeure des mauvais esprits. Les aventures de Martin Waldeck

sont un exemple des maux qui sont la suite des richesses promptement acquises et mal employées.

7

SIR BERTRAND

FRAGMENT FANTASTIQUE

par Aikin

. .

Sir Bertrand dirigea son cheval vers les bois, espérant pouvoir traverser ces affreux marécages avant l'heure du couvre-feu. Mais avant d'avoir fait la moitié du trajet, il perdit son chemin au milieu de nombreux sentiers qui se croisaient, et ne distinguant, aussi loin que ses regards pouvaient atteindre, que les sombres bruyères qui l'entouraient, il fut à la fin tout-à-fait incertain sur la route à prendre. La nuit le surprit dans cette situation. C'était une de ces nuits où la lune jette quelque faible clarté à travers d'épais nuages noirs sur un ciel sombre. De temps en temps, débarrassée de ses voiles, elle jetait tout-à-coup une vive lumière, et aussitôt après elle se cachait encore, n'ayant servi

qu'à montrer au voyageur égaré la vaste étendue d'une contrée désolée. L'espérance et son
courage naturel le poussèrent quelque temps à
marcher en avant, mais enfin l'obscurité crois-
sante et la fatigue de corps et d'esprit l'empor-
tèrent ; il craignait de quitter le lieu où il se
trouvait, de peur de tomber dans des trous
et des fondrières inconnues. Il descendit de
cheval, et se jeta à terre désespéré. Il n'y avait
pas longtemps qu'il était dans cette posture,
lorsque le son grave d'une cloche lointaine frappa son oreille : il tressaillit et regardant du côté
d'où venait le son, il aperçut une faible lumière.
Il saisit aussitôt son cheval par la bride , et
s'y dirigea. Après une marche pénible , il fut
arrêté par un fossé boueux qui environnait
le lieu d'où venait la lumière. Un éclat passager
de la lune lui montra un vaste et antique manoir,
flanqué de tourelles, avec un portail élevé au
centre. Il portait des marques évidentes des
ravages du temps. Les toits étaient écroulés en
plusieurs endroits, les remparts étaient à moitié démolis, et les fenêtres privées de leurs fer-
metures. Un pont-levis, avec une porte ruinée
à chaque bout, donnait entrée dans la cour qui
précédait l'édifice. Il entra, et à l'instant la lumière qui partait d'une fenêtre de l'une des tourelles, s'éloigna et disparut ; au même moment
la lune fut cachée par un nuage noir, et la nuit

fut plus sombre que jamais. Un silence profond
régnait partout. — Sir Bertrand attacha son
cheval sous un hangard, et s'approchant de la
maison, il traversa toute la cour d'un pas lent
et hésitant. Tout était silencieux comme la mort.
Il regarda dans l'intérieur par une des fenêtres
du rez-de-chaussée, mais il ne put pas distinguer un seul objet dans cette obscurité inpéné-
trable. Après s'être consulté un moment, il entra
sous le portail, et saisissant un marteau massif,
il le leva, et, non sans hésiter, il frappa enfin à
la porte un coup retentissant. Le bruit résonna
dans toute la demeure et de sombres échos y
répondirent. Tout retomba dans le silence. Il
répéta ses coups avec plus de force et de fracas.
Ils furent suivis d'un autre intervalle de silence.
Il frappa une troisième fois, et une troisième
fois tout se tut. Alors il recula de quelques pas,
pour voir s'il distinguerait de la lumière à quelque fenêtre de la façade : il en parut une au
même endroit, et aussitôt elle glissa et s'évanouit,
comme la première fois. Au même instant le son
grave et sonore de la cloche retentit du haut de
la tourelle. Le cœur battit vivement à sir Bertrand ; il resta sans mouvement. La terreur le
poussa à faire quelques pas rapides vers son
cheval ; mais la honte arrêta sa fuite, et pressé
par l'honneur et le désir irrésistible de mettre
fin à cette aventure, il retourna vers le portail,

et encourageant son âme à recueillir toute sa
force de résolution, il tira son épée d'une main,
et de l'autre il leva le loquet de la porte. Le
lourd battant craquant sur ses gonds ne céda pas
à sa main sans résistance ; il le poussa avec l'é-
paule, et entra. A l'instant la porte se referma
avec un bruit de tonnerre. Le sang de sir Bertrand se glaça ; il revint sur ses pas pour trouver
la porte, et il se passa longtemps avant que ses
mains tremblantes pussent la saisir ; mais toutes
ses forces ne purent parvenir à la r'ouvrir. Après
plusieurs tentatives inutiles, il regarda derrière
lui, et aperçut à travers une salle, sur un large
escalier, une flamme pâle et bleue, qui jetait
une lueur funèbre autour d'elle. Il s'y dirigea,
après avoir rassemblé tout son courage. La lumière changea de place.

Arrivé au pied de l'escalier, il se décida à s'y
engager après un moment de délibération. La
flamme se retirait devant lui, pendant qu'il montait lentement, et il arriva à une vaste galerie.
La flamme s'avançait devant lui, il la suivit en
proie à une silencieuse horreur, marchant doucement, car l'écho du bruit de ses pas le faisait
tressaillir. La flamme le conduisit au pied d'un
autre escalier, et là elle disparut. En même temps
la cloche de la tourelle fit entendre un autre
coup. Sir Bertrand le sentit retentir sur son cœur.
Il se trouvait dans une obscurité totale, et, les

bras en avant, il commença à monter l'autre escalier. Une main froide comme celle d'un mort
rencontra sa main gauche, et la saisissant avec
force, l'entraîna sans qu'il pût résister.

Il tâcha de se débarrasser de son étreinte, ce
fut en vain ; il frappa un grand coup d'épée, à
l'instant un cri aigu perça ses oreilles, et la main
glacée resta sans force dans la sienne. Il la secoua, et se précipita en avant avec le courage du
désespoir. L'escalier était étroit et tournant, et se
terminait à une grille de fer très basse. Sir Bertrand la poussa, elle s'ouvrit, et le conduisit à un
passage étroit juste suffisant pour laisser passer un
homme se traînant sur les mains et les genoux.
Une faible lueur servait à lui montrer la nature
du lieu. Il s'y engagea, et après le premier détour il distingua la même flamme bleue qui l'a-
vait guidé précédemment. Il la suivit. Enfin le
passage voûté déboucha tout à coup dans une
vaste galerie, au milieu de laquelle un homme
armé de pied en cap, montrait avec un regard
menaçant son bras mutilé et sanglant, et bran-
dissait une épée de sa main intacte. Sir Bertrand
se précipita bravement sur cet ennemi, et lu
lança un vigoureux coup d'épée, le fantôme disparut à l'instant, en laissant tomber une lourde
clé de fer. La flamme était arrêtée au dessus d'une
grande porte à deux battants située à l'extrémité
de la galerie. Sir Bertrand s'en approcha, ap-

pliqua la clef à une serrure de cuivre, dont il
tourna le pène avec une grande difficulté. A
l'instant les deux battants s'ouvrirent, et laissèrent voir un vaste appartement, à l'extrémité
duquel était un cercueil placé sur une bière,
entre deux flambeaux allumés. Des deux côtés
de la chambre étaient des statues gigantesques
de marbre noir, vêtues d'habits moresques, et
tenant à la main droite d'énormes sabres. Au moment où le chevalier entra, elles brandirent leurs
sabres et avancèrent un pied ; en même temps le
couvercle du cercueil s'ouvrit et la cloche sonna. La flamme glissa encore en avant, et Sir
Bertrand la suivit résolument, jusqu'à six pas du
cercueil. Tout à coup une dame enveloppée d'un
suaire et d'un voile noir se leva du cercueil, et
tendit ses bras vers lui. Au même instant les
statues levèrent leurs sabres et s'avancèrent. Sir
Bertrand vola vers la dame et la serra entre ses
bras. Elle rejeta son voile et lui donna un baiser.
Aussitôt tout l'édifice trembla comme agité par
un tremblement de terre, et s'écroula avec un
fracas horrible. Sir Bertrand perdit connaissance, et en revenant à lui il se trouva assis sur
un sopha de velours, dans la chambre la plus
magnifique qu'il eût jamais vue, éclairée par
d'innombrables flambeaux, placés dans des lus-
tres de cristal pur. Au milieu était préparé un
somptueux banquet. Les portes s'ouvrirent aux

sons d'une douce musique, et une dame d'une
beauté incomparable, vêtue avec une magnificence splendide, entra, environnée d'une troupe
de nymphes plus belles que les Grâces. Elle
s'avança vers le chevalier, et tombant à genoux,
elle le remercia comme son libérateur. Les nymphes placèrent une couronne de laurier sur sa
tête, la dame le conduisit par la main à la table
du festin, et s'assit à côté de lui. Les nymphes se
mirent à table, et de nombreux domestiques ser-
virent le repas. Pendant toute sa durée une musique délicieuse ne cessa pas de jouer. Sir Bertrand
était muet d'étonnement; il ne put répondre que
par des gestes et des regards à tant d'honneurs.
Quand le banquet fut fini, tout le monde se retira excepté la dame, qui ramenant le chevalier
vers le sopha, le fit asseoir, et lui adressa ces
paroles.....

FIN DU FRAGMENT.

LE MAJORAT

CONTE FANTASTIQUE

par Hoffmann

—

Sur les bords solitaires d'un lac du Nord,
on voit encore s'élever les ruines du vieux château de Rauhsitten. D'un côté il domine sur les
eaux calmes et profondes, et de l'autre, les
bruyères arides qui l'entourent sont bordées
par des pins séculaires qui terminent l'horizon.
Un ciel toujours sombre éclaire ce paysage
d'une teinte funèbre. A un quart d'heure de
distance de ce triste lieu, les aspects changent,
et l'on découvre un gai village, auprès duquel
un des seigneurs de Rauhsitten avait commencé
à bâtir une demeure plus agréable que le vieux
manoir de ses ancêtres, mais à sa mort ses
héritiers n'achevèrent pas l'œuvre commencée,
et le baron Roderich se borna à faire réparer

7.

les parties les plus délabrées du vieux château, pour s'y loger avec quelques domestiques aussi tristes que leur maître. Il passait le temps à se promener à cheval sur les grèves du lac et se montrait rarement au village où son nom servait d'épouvantail aux enfants. Roderich avait converti le haut du donjon en un observatoire où il avait rassemblé bon nombre d'instruments d'astronomie. C'est là qu'il passait une grande partie des jours et des nuits, avec un vieil intendant de mœurs aussi bizarres que les siennes. Le peuple le croyait adonné à la magie, et le bruit courait qu'il avait été chassé de la Courlande, parce qu'il avait des relations avec les mauvais esprits.

L'amour superstitieux de Roderich pour le château de ses ayeux lui inspira l'idée de le constituer en majorat, pour lui rendre son importance féodale. Mais son fils Hubert et son petit-fils, qui s'appelait comme lui Roderich, préférèrent demeurer dans leurs domaines de Courlande où la vie était moins triste. Le baron Roderich avait donné l'hospitalité dans le vieux château à deux sœurs de son père, vieux débris de noblesse, qui n'avaient pour les servir qu'une domestique âgée. Ces trois femmes occupaient une aile du château ; les cuisines étaient au rez-de-chaussée, et un pigeonnier délabré servait d'asile à un chasseur infirme qui remplissait les fonctions de concierge. L'intendant logeait au village avec les autres domestiques.

Chaque automne le baron Roderich invitait ses amis aux parties de chasse qu'il venait faire autour du château de Rauhsitten. Pendant six semaines, ces lieux déserts le reste de l'année retentissaient d'un fracas inaccoutumé, et le majorat ressemblait à une hôtellerie. Le baron ne négligeait pas ses devoirs de suzerain ; il rendait la justice à ses vassaux, avec l'assistance de l'avocat Volker, dont la famille exerçait les fonctions de justicier de père en fils.

Ce digne avocat, qui m'appelait cousin, quoiqu'il fût mon grand-oncle, (sa tête blanche accusait plus de soixante hivers), me dit un jour : — Cousin, j'ai envie de te mener à Rauhsitten. La bise et les premières gelées raffermiront tes organes et te rendront une santé plus solide. Tu m'aideras à dresser des actes et tu me rendras service, et tu apprendras le métier de chasseur. J'acceptai avec joie la proposition de mon grand-oncle.

Dès le matin, enveloppés de bonnes fourrures, nous roulions dans une berline, nous dirigeant vers le nord, à travers des plaines couvertes de neige et d'interminables bois de pins. Chemin faisant, mon grand-oncle me racontait quelques traits de la vie du baron Roderich, le

créateur du majorat, dont les habitudes sauvages et les aventures servaient maintenant
d'exemple à son petit-fils, jeune homme de santé
frêle, qui jusque là s'était montré d'humeur fort
douce. Il me décrivit le logement que j'habite-
rais avec lui, contigu d'un côté à l'ancienne salle
d'audience, et de l'autre à l'appartement des
deux vieilles dames. Il me recommanda de
m'établir sans gêne au château.

Nous arrivâmes de nuit sur le territoire de
Rauhsitten. Le village était en fête, la maison de
l'intendant était illuminée, et l'unique auberge du
lieu remplie de gais convives. Quand nous l'eûmes traversé, nous nous retrouvâmes sur la
route presque impraticable par la neige, les eaux
du lac soulevées par la bise retombaient sur la
grève avec un rauque murmure, les branchages
des pins craquaient, et devant nous se dressaient
comme une sinistre silhouette les tours et les
murs du vieux manoir, où l'on ne voyait briller
aucune lumière. Un silence de mort régnait au
dedans. — Holà! Franz! cria mon oncle, la
neige gèle en tombant, fais-nous un feu d'enfer!
Un chien aboya, puis quelque bruit se fit entendre, des clefs tournèrent en grinçant dans les ser-
rures, la lumière vacillante d'une torche agita les
ombres, et Franz nous salua d'un Bonjour,
monsieur le justicier, soyez le bienvenu par ce
temps diabolique.

Franz, dont le corps amaigri dansait dans sa
livrée, nous montra un visage dont la laideur et
l'air un peu niais étaient compensés par son
empressement. — Mon digne monsieur, dit-il,
rien n'est prêt pour vous recevoir; les lits ne
sont pas garnis, les chambres sont glacées, le
vent entre par les carreaux cassés, c'est à n'y
pas tenir, même avec du feu. — Comment!
s'écria mon oncle, en secouant le givre de ses
fourrures, c'est ainsi que tu remplis tes devoirs
de concierge? Ma chambre n'est donc pas habi-
table? — À peu près; à l'heure qu'il est, elle
est jonchée de décombres. Le plancher de la
salle d'audience s'est écroulé, il y a trois jours,
par suite d'une secousse épouvantable.

Mon oncle allait jurer comme un payen, mais
il se contint, et se tournant vers moi : — Cousin, dit-il, nous ferons comme nous pourrons;
mais tâchons de ne plus risquer aucune question
au sujet de ce château maudit; nous recevrions
peut-être des réponses trop décourageantes.
Franz, ne pourriez-vous pas nous préparer une
autre chambre. — Vos désirs ont été prévenus,
monsieur. Et aussitôt, marchant devant nous
pour nous montrer le chemin, il monta un petit
escalier qui nous fit pénétrer dans une longue
galerie, où la lumière d'une seule torche donnait une forme fantastique aux moindres objets.
Cette galerie formait plusieurs angles : arrivés

au bout, nous eûmes encore à traverser plusieurs salles humides et sans meubles, enfin une
dernière porte s'ouvrit, et nous fûmes introduits
dans un salon, où brillait un grand feu de cheminée. Cette vue me réjouit, mais mon oncle
s'arrêta au milieu de la pièce, et promenant
autour de lui un regard où se peignait l'inquiétude : — Est-ce donc cette salle qui doit servir
aux réceptions ? demanda-t-il d'une voix grave
et un peu émue. A la lueur de la torche, je dis-
tinguai, lorsque Franz s'approcha du fond du
salon, que le mur présentait sur ce point l'apparence d'une porte haute et large qui aurait
été murée.

Franz se hâta de dresser la table, et après
un bon souper, mon grand oncle mit le feu à
une jatte de punch, qui devait nous aider à
goûter un bon sommeil. Franz s'était retiré dis-
crètement après nous avoir servi. La lumière de
deux bougies, et celle du feu qui mourait dans
la cheminée, éclairaient capricieusement les ornements gothiques de la salle. Des portraits de
famille, des tableaux représentant des chasses
et des batailles étaient appendus aux murs, et
les personnages qui y étaient peints semblaient
se mouvoir par l'effet de la vacillation de la lumière. Les lambris et les bahuts noircis par le
temps faisaient ressortir la blancheur de l'em-
placement blanc qui m'avait frappé en entrant.

Je supposai tout simplement que c'était celui d'une porte de communication, qu'on avait murée, sans prendre soin de dissimuler ce travail sous une couche de peinture en harmonie avec le reste de la décoration de la salle. Mon grand-oncle était allé se coucher dans la chambre voisine. Je restai auprès du feu, l'imagination en proie à toutes sortes de rêves. Je peuplais le château d'apparitions dont je me faisais peur à moi-même. Le hasard voulut que j'eusse dans la poche le *Visionnaire* de Schiller ; la lecture de ce livre surexcita encore mon imagination. J'étais en proie à une demi-hallucination, lorsque des pas légers semblèrent traverser la salle. Je prête l'oreille : je crois entendre un gémissement sourd, qui se tait, puis qui recommence ; il me semble ouïr gratter derrière le mur à l'endroit de la tache blanche qui indique une porte murée. Plus de doute, il y a là un pauvre animal renfermé. Je vais frapper du pied le plancher pour qu'il se taise, ou qu'il redouble ses aboiements. Mais, ô terreur, on continue à gratter avec rage, sans donner d'autre signe de vie. Mon sang se glace dans mes veines, me voilà cloué sur ma chaise sans oser faire un mouvement, lorsque les griffes mystérieuses cessent de gratter, et les pas légers et cadencés recommencent. Je me lève tout-d'un-coup comme poussé par un ressort, je m'avance vers

le fond de la salle, qu'un flambeau mourant
éclairait à peine. Alors un courant d'air glacé
passe sur mon visage, et au même instant la
lune, se dégageant d'un nuage, éclaire d'un
rayon tremblant le portrait en pied d'un personnage à face rébarbative ; puis j'entends autour
de moi murmurer des voix qui n'ont rien de la
terre, et ressemblent à des sanglots : — Pas
plus loin ! ou tu tombes dans l'abîme du monde
invisible ! La salle où je suis est ébranlée par
le choc d'une porte qui se ferme avec fracas ;
j'entends distinctement des pas précipités dans
la galerie : puis les pavés de la cour retentissent
des pas d'un cheval, la herse se lève, et quelqu'un sort et rentre presque immédiatement....

Est-ce un rêve, ou une réalité ? me deman-
dais-je, lorsque j'entends mon grand-oncle
gémir dans la chambre voisine. S'éveille-t-il ?
je prends une bougie, j'entre, et je le trouve
en proie à un songe cruel. Je l'éveille en lui
prenant la main, il pousse un cri étouffé, mais
il me reconnaît aussitôt : — Merci, cousin ! dit-
il, je faisais un mauvais rêve : Ce logement et
le souvenir de certaines choses que j'ai vues s'y
passer en étaient la cause. Mais il vaut mieux
tâcher de se rendormir, que d'y penser encore.
Il s'enfonça dans son lit, se couvrit la tête de
sa couverture, et se mit en position de dormir ;
mais pendant que j'éteignais le feu, et que je

me couchais , je l'entendais murmurer des
prières, et machinalement je fis comme lui.

Nos fonctions commencèrent le lendemain
matin de bonne heure. Vers midi, nous allâmes
présenter nos hommages aux deux châtelaines.
Franz nous avait annoncés, mais ce ne fut qu'a-
près une longue attente que nous fûmes introduits par une vieille bossue. Les deux dames,
vêtues à la mode du temps passé, couvertes
d'oripeaux, avec leur figure allongée, leur nez
pointu, leurs yeux éraillés, me firent l'effet de
vraies sorcières. Je n'eus pas plus de succès
auprès d'elles, et quoique mon grand-oncle
leur dît que j'étais un jeune légiste qui venait
faire son stage à Rauhsitten, elles ne me parurent pas avoir bonne opinion de mes succès
futurs.

Le soir de ce premier jour étant arrivé , j'étais
avec mon grand-oncle, les pieds sur les chenets,
et le menton appuyé sur la poitrine. — Quel
diable t'a ensorcelé depuis hier ? me demanda-
t-il brusquement ; tu ne manges , ni ne bois, et
tu m'as l'air d'un croque-mort. Je ne cachai pas
à mon oncle la cause de mon malaise, et mon
récit le rendit très-sérieux. — Tout ce que tu
viens de me dire là, je l'ai vu en rêve, me dit-
il. J'ai vu un horrible fantôme entrer dans la
salle , marcher à pas lents jusqu'à la porte murée, gratter avec fureur à cette porte jusqu'à

déchirer ses doigts en lambeaux, puis, descendre
dans la cour, monter à cheval, sortir du château et rentrer presqu'aussitôt... . C'est alors que
tu m'as éveillé, et que, rappelé à moi-même,
j'ai fait tous mes efforts pour dissiper l'horreur
naturelle qu'inspire tout rapport avec le monde
invisible. Cousin, ajouta le vieillard en voyant
que je n'osais pas le questionner, auras-tu le
courage de rester avec moi, et d'attendre, les
yeux ouverts, la prochaine visite du fantôme ?

J'acceptai sa proposition. — Eh ! bien donc,
à cette nuit, me dit-il. Le motif qui m'engage à
lutter contre le mauvais génie de ce château me
donne confiance. Quoi qu'il arrive, je veux que
tu sois présent à tout, pour que tu puisses en
rendre témoignage. Tu n'as rien à craindre ;
l'esprit malin n'a pas de pouvoir sur toi. Quant
à moi, j'espère, avec l'aide de Dieu, briser le
charme qui éloigne de ce château les héritiers
de Rauhsitten. Si je succombe, je me serai
sacrifié à la meilleure des causes.

Le soir, un excellent souper et une jatte de
punch nous furent servis, comme la veille, par
Franz qui se retira. La pleine lune brillait de
tout son éclat, la bise sifflait à travers les branches des arbres, et agitait les vitraux dans leurs
chassis de plomb. Enfin minuit sonna à la montre à répétition de mon grand-oncle, qu'il avait
placée sur la table. Aussitôt la porte de la salle

s'ouvre avec fracas , des pas lents et mesurés
s'avancent vers la porte murée. Mon grand-
oncle pâlit , mais se lève sans faiblir, se tourne
du côté d'où venait le bruit, le bras droit étendu,
le poing gauche appuyé sur la hache , dans l'at-
titude hautaine du commandement. Des sanglots
se mêlent par intervalles au léger bruit des pas,
puis on entend gratter avec force contre la porte
murée. Alors mon grand-oncle s'avance jusque
là et d'une voix haute il s'écrie : — Daniel !
Daniel ! Que fais-tu ici à cette heure ? Un cri
lamentable répond à cette parole, et on entend la
chute d'un corps lourd. — Demande grâce devant le trône de Dieu, reprend mon oncle, et
si Dieu ne te pardonne pas, va-t-en de ces lieux
où tu n'as plus rien à faire.

Un long gémissement me parut alors se perdre
au dehors dans le fracas de la tempête. Mon
grand-oncle revint à pas lents vers son fauteuil ;
il avait l'air inspiré, le visage enflammé; les
yeux étincelants; il s'assit , joignit les mains, et
les yeux levés au ciel , il semblait prier. — Eh !
bien, cousin , me dit-il enfin , que penses-tu de
tout cela ? Je me mis à genoux aux pieds du
vieillard sans lui répondre , et j'inondai ses
mains de larmes. Il me pressa dans ses bras : —
Livrons-nous maintenant au repos, nous dit-il ;
le calme est rétabli auprès de nous pour toujours. En effet rien ne troubla plus nos songes ,

et bientôt je pus me livrer à la gaîté de mon âge, riant quelquefois des ridicules des vieilles châtelaines, qui au fond étaient de bonnes personnes.

Peu après notre installation, le baron Roderich arriva lui-même à Rauhsitten, avec son épouse et ses équipages de chasse. De nombreux invités vinrent partager ses parties, et le château fut aussi animé qu'il était triste le reste de l'année. Le baron vint nous voir, et parut contrarié de ce qu'on nous avait choisi cet appartement. A la vue de la porte murée, son visage s'assombrit et il passa la main sur son front, comme pour écarter de sa pensée un souvenir pénible. Le baron paraissait entourer le justicier Volken d'une espèce de respect filial, qui laissait entrevoir qu'il existait entr'eux des relations plus intimes qu'on ne l'aurait supposé. Quant à moi, je n'avais aucune part à ces témoignages de cordialité, et je vis de jour en jour s'accroître à mon égard ses airs durs et hautains, qui auraient fait naître entre nous une mésintelligence plus marquée, sans l'intervention bienveillante de mon grand-oncle.

La baronne de Rauhsitten avait, dès son arrivée, produit sur moi une impression qui ne contribuait pas peu à me faire supporter avec patience les brusqueries de son mari. Sa jeunesse et sa beauté faisaient un délicieux con-

traste à côté de ses vieilles parentes. La bien-
veillance qu'elle me témoigna gagna tout-à-fait
mon cœur. Un soir, après souper, elle me
demanda si je me plaisais au château. Je répondis que le séjour de ce domaine sauvage m'avait
d'abord été assez pénible, mais que depuis l'arrivée de M. le baron, cet aspect avait bien
changé pour moi, et que je n'avais qu'un désir
à former, celui d'être dispensé de suivre les
chasses. — Mais, dit la baronne, ne m'a-t-on
pas dit que vous étiez musicien et poète ? J'aime
les arts avec passion, et je joue passablement
de la harpe ; malheureusement il faut que je me
prive ici de ce plaisir, car mon mari ne peut
pas souffrir la musique. Je répondis qu'il serait
possible de procurer à madame la baronne le plaisir de faire un peu de musique, pendant que son
mari était à la chasse. N'y avait-il pas un clavecin
au château ? Mademoiselle Adelheid, la dame de
compagnie, eut beau dire que de mémoire d'homme on n'avait pas entendu à Rauhsitten d'autres
sons que les fanfares du cor et les aboiements
des chiens, je ne démordis pas de mon projet,
et avec l'aide de Franz, à qui le mot d'impossible était inconnu, je pus promettre l'arrivée
prochaine d'un clavecin. Il appartenait à l'épouse
de M. l'intendant, qui demeurait au village
voisin ; mais il lui était arrivé un accident. L'or-
ganiste du village l'avait détraqué en voulant

essayer dessus un cantique de sa composition. Il
avait fallu le porter à la ville voisine pour le
raccommoder. Le baron arriva pendant que
Franz donnait tous ces détails. A son aspect, il
ne fut plus question de musique, et la conversation s'engagea sur la chasse.

Cependant mademoiselle Adelheid, voulant
égayer la société, avait imaginé d'introduire au
château une troupe de musiciens ambulants. Un
bal fut improvisé. Mon oncle gagna son lit à son
heure accoutumée. Je me mis au contraire à ma
toilette, et au moment que je l'achevais, Franz
vint frapper à ma porte, et m'annonça que le
clavecin de madame l'intendante était arrivé sur
un traîneau, que la baronne l'avait fait établir
aussitôt dans sa chambre, où elle m'attendait
avec mademoiselle Adelheid. J'y courus, mais à
peine eus-je détaché le couvercle du clavecin,
que plusieurs cordes se brisèrent avec fracas;
celles qui résistèrent étaient de si mauvaise qualité, que leurs sons auraient écorché les oreilles
les plus fortes. — Fatalité ! murmura Séraphine,
je ne puis jamais ici me procurer aucun plaisir !

Heureusement je trouvai un jeu de cordes de
rechange dans la boîte du clavecin. — Nous
sommes sauvés ! m'écriai-je, le dégât sera bientôt réparé, si vous voulez m'aider un peu. La
baronne me seconde, tandis qu'Adelheid dé-
roule les cordes à mesure que je les lui deman-

de. Après vingt essais inutiles, notre persévé-
rance réussit à rétablir l'harmonie. La baronne
partageait naïvement avec moi le bonheur d'une
réussite qui lui promettait de douces distractions. Le clavecin fut l'occasion d'un rapproche-
ment plus intime avec la baronne, qui m'inspira
une amitié profonde. Mais des signes certains me
firent reconnaître en elle un fond de tristesse
qui minait lentement sa vie. Un jour elle ne parut pas au dîner ; on s'informa auprès de son
mari si sa santé devait inspirer des craintes sé-
rieuses. — Oh ! non, dit-il, l'air vif de cette
contrée, joint à l'abus des séances musicales, a
seul causé un malaise passager. Un regard que
me lança le baron me laissa voir que quelque
soupçon était entré dans son cœur. Pour contri-
buer à le dissiper, je voulus être de la partie de
chasse qui avait lieu le lendemain. Je l'annonçai
à mon grand-oncle, qui me dit : — A la bonne
heure, c'est un exercice fait pour ton âge, et je
te lègue dès à présent ma carabine et mon couteau de chasse.

On se mit en chasse ; chacun prit ses distances
dans la forêt pour cerner les loups. La neige
était fort épaisse, et au déclin du jour, la brume
ne permettait pas de voir à six pas devant soi.
Le froid me gagnait : je cherchai dans un fourré
un abri contre la bise. Bientôt j'entends les
coups de feu se succéder ; à dix pieds de dis-

tance je vois se dresser un loup énorme, je l'ajuste, je le tire, je le manque. Furieux il se jette sur moi ; je lui présente la pointe de mon couteau de chasse, il s'enferre jusqu'à la garde. Ses hurlements attirent près de moi un des forestiers. Le baron le suit de près, d'autres chasseurs accourent : — Vous êtes blessé ? me dit le baron. — Non, monsieur, ma main a été plus sûre que mon coup d'œil. Dieu sait les éloges que me valut cet exploit. Le baron voulut me prêter l'appui de son bras pour retourner au château. Un forestier portait ma carabine. Je fus profondément touché des égards que me montrait le baron de Rauhsitten, et dès ce moment j'en conçus une meilleure opinion ; il me sembla un homme de cœur et d'énergie.

L'heure de se livrer au repos avait sonné depuis longtemps, je traversais la galerie pour rentrer dans ma chambre, lorsque se présenta tout d'un coup à moi une figure blanche portant une veilleuse. C'était mademoiselle Adelheid. — Bonjour, me dit-elle en riant, beau chasseur de loups. Pourquoi courez-vous ainsi tout seul, sans lumière, comme un vrai spectre !... Ce mot de spectre me fit frissonner de la tête aux pieds, en me rappelant les deux premières nuits que j'avais passées au château. — Eh ! bien, me dit mademoiselle Adelheid, qui s'aperçut de mon émotion, qu'avez-vous donc ? Vous êtes froid

comme le marbre. Venez, la baronne vous
attend.

Je me laissai entraîner sans résistance ; j'étais
sous l'empire d'une fatale préoccupation. La
baronne en me voyant fit une exclamation, et
s'arrêta comme par une arrière-pensée fatale.
Quand je lui eus parlé des procédés de son mari,
qui contrastaient si fort avec la hauteur qu'il m'a-
vait montrée jusque là, elle m'interrompit en me
disant : — Vous ne connaissez pas encore le
baron, ce n'est qu'ici que son caractère devient
fâcheux. Chaque fois qu'il y vient, une idée fixe
le poursuit : c'est que ce château doit devenir
le théâtre d'une catastrophe terrible pour notre
famille. Il est persuadé qu'un ennemi invisible
exerce ici une puissance qui tôt ou tard devien-
dra fatale à l'héritier de ce domaine. On raconte
des choses extraordinaires du fondateur de ce
majorat, et je sais moi-même qu'il existe un
secret de famille au sujet de ce château. Une
tradition, hélas ! trop fondée, assure qu'un fantôme y vient souvent assaillir le propriétaire,
et ne lui permet d'y faire que des séjours très
courts. Chaque fois que j'y accompagne mon
mari, j'y éprouve des terreurs presque continuelles, et ce n'est qu'à votre art que j'ai dû
un peu de soulagement. Aussi, je vous témoigne
ma reconnaissance.

Encouragé par cette confidence, je racontai

8

à la baronne mes propres appréhensions. Je
cherchais à lui cacher ce que les détails avaient
de trop effrayants, mais voyant que son imagination exagérait ce que je voulais dissimuler,
et que son visage se couvrait d'une pâleur mor-
telle, je compris qu'il valait mieux tout lui
révéler. Quand je lui parlai de cette griffe mystérieuse qui grattait la porte murée : — Oui,
oui, s'écria-t-elle, c'est dans ce mur qu'est renfermé le fatal mystère ! et cachant son visage
entre ses mains, elle resta livrée à une profonde
méditation. Après un long silence, je fis un
effort pour m'approcher du clavecin ; quelques
sons que j'en tirai réveillèrent la baronne de
son anéantissement ; elle m'écouta paisiblement
chanter un air triste, et ses yeux se remplirent
de larmes. Enfin, quand je la quittai, elle me
dit : — Votre oncle est un digne homme, je le
regarde comme le protecteur de cette maison.
Dites-lui de prier pour nous chaque jour, afin
que Dieu veuille nous préserver de tout mal.

Je me retirai dans notre appartement. Mon
grand-oncle était endormi depuis longtemps. Je
me préparai à me mettre au lit, lorsque j'entendis des allées et des venues, des portes s'ouvrir
et se refermer ; enfin on vint frapper à notre
porte. — Qui est-là ? demandai-je brusquement.
Monsieur le justicier, levez-vous, répondit du
dehors Franz que je reconnus à sa voix. — Le

feu serait-il au château ? m'écriai-je. A ce mot
de feu, mon oncle, qui s'était éveillé, sauta du
lit et vint ouvrir. — Au nom de Dieu, hâtez-
vous, lui dit Franz, madame est malade à la
mort, et monsieur le baron désire vous voir. A
la lueur du flambeau que nous venions d'allu-
mer, nous vîmes que le pauvre Franz était d'une
pâleur livide. Le baron arriva un instant après
et dit à mon oncle : — Pourrais-je vous parler
seul un instant. L'avocat sortit en fermant la
porte à clef pour m'empêcher de le suivre. Je
l'entendis de loin parler au baron avec une
grande vivacité; sans pouvoir ouïr distinctement leurs paroles, j'y distinguais mon nom, ce
qui augmentait mon anxiété. Enfin le baron
s'éloigna : il me sembla qu'on était venu le chercher précipitamment. Mon grand-oncle rentra,
et fut étonné de l'inquiétude extrême que la maladie de la comtesse m'avait inspirée, et de
m'entendre lui exprimer le désir d'aller auprès
d'elle : — Qu'as-tu à faire près de la femme
du baron? me dit-il ; à quel titre entrerais-tu
dans une chambre funèbre dont ta ridicule conduite doit t'éloigner plus que jamais? J'étais navré : mon oncle eut pitié de moi. Tu sauras, me
dit-il, que le prétendu danger de la baronne n'était
qu'un rêve. Mademoiselle Adelheid perd la tête
quand il tombe une averse, et les deux vieilles
tantes, accourues au bruit, fatiguent la baronne

de leurs élixirs. Ce n'est qu'un évanouissement, une crise nerveuse produite par la musique, selon le baron. Puisque te voilà tranquillisé, mettons à profit pour dormir les heures qui nous restent de la nuit. Nous nous mettions au lit, lorsque Franz nous apporta des nouvelles de la malade. — Madame la baronne, nous dit-il, est complètement remise de son indisposition qu'elle attribue à un mauvais rêve.

Dès que je fus levé, je descendis doucement pour aller demander à mademoiselle Adelheid des nouvelles de la santé de sa maîtresse. Au seuil de l'appartement, je me trouvai face à face avec le baron, qui me toisa du haut en bas : — Que voulez-vous? me dit-il avec un accent de colère concentrée. Je contins mon émotion et je lui répondis que je venais, de la part de mon oncle, savoir comment se trouvait Madame. — Elle va bien, me dit froidement le baron ; elle a eu ses attaques de nerf habituelles. A cette heure elle repose, et j'espère qu'elle paraîtra à table. Dites cela : allez. Le ton dont il parlait décelait une impatience qu'il voulait cacher. Je saluai, et j'allais me retirer, lorsqu'il me retint par le bras, et me dit d'un air foudroyant : — Jeune homme, j'ai à vous parler. — J'espère, lui répondis-je, que ce que vous avez à me dire ne me mettra pas dans le cas d'exiger de réparation ? Il me regarda comme

s'il ne me comprenait pas. Puis il se mit à
se promener à grands pas dans sa chambre, où
il m'avait conduit.

Je ne savais trop quelle contenance garder,
lorsque le baron, sortant de sa rêverie, s'approcha de moi, et me frappant sur l'épaule, il
me dit : — Je dois ce matin, vous paraître un
peu extraordinaire ? Les angoisses de cette nuit
m'ont tout bouleversé. La crise nerveuse de ma
femme n'avait rien de bien inquiétant ; mais je
ne sais quel mauvais génie domine dans ce
château, et m'y fait tout voir sous les couleurs
les plus sombres. Voilà la première fois que
la baronne est malade ici, et c'est vous qui en
êtes la cause unique. — Je ne saurais m'expliquer..... lui dis-je. — Je voudrais, interrom-
pit-il, que ce maudit clavecin se fût brisé en
mille pièces, le jour où vous l'avez apporté ici.
Mais, du reste, j'aurais dû avoir l'œil dès le
premier jour sur ce qui se passait chez moi.
L'organisation de ma femme est si délicate,
qu'une sensation tant soit peu excessive peut la
tuer. Je l'avais amenée dans ce château dans
l'espoir que ce climat si rude, et les distractions
d'une vie âpre, réagiraient heureusement sur
ses nerfs ; mais vous avez pris à tâche de l'é-
nerver davantage par votre musique langoureuse.
Son imagination exaltée la prédisposait à ne pouvoir supporter sans danger une secousse, et voilà

н.

que vous lui portez le dernier coup en racontant devant elle je ne sais quelle stupide histoire de revenant. Je sais tout de votre grand-
oncle ; ne niez donc rien ; je vous demande
seulement de me répéter vous-même ce que vous
prétendez avoir vu.

Je le lui racontai, et il n'interrompit mon
récit que par quelques exclamations saccadées
qu'il se hâta de réprimer. Lorsque je vins à la
scène où mon oncle avait eu tant d'empire sur
le fantôme invisible, il leva les mains jointes au
ciel et s'écria : — Il est vraiment le génie tuté-
laire de la famille ; et quand Dieu appellera
à lui son âme, je veux que son corps repose
avec honneur à côté de mes ayeux ! Puis, voyant
que je gardais le silence, il me prit la main, et
ajouta : — Jeune homme, puisque vous avez
causé sans le vouloir la maladie de ma femme,
c'est à vous de la guérir. Vous n'avez pas affaire à une maladie dangereuse, et voici ce que
j'attends de vous. La baronne est trop sous
l'influence de votre musique, pour qu'on puisse
songer à la supprimer ; ce serait cruel. Je vous
permets donc de la continuer, mais j'exige que
vous changiez le caractère de vos morceaux.
Choisissez des sonates de plus en plus énergiques, mêlez le gai au sérieux. Ensuite rappelez-
lui de temps en temps l'apparition que vous lui
avez racontée, sans paraître y attacher de l'im-

portance. Qu'elle se familiarise peu à peu avec
cette idée, qui cessera de l'émouvoir. Vous me
comprenez bien, n'est-ce pas ? A ces mots le
baron me quitta.

La baronne parut au dîner, vêtue d'une robe
blanche, les joues aussi pâles que sa robe, et
pourtant sa beauté était plus éclatante que jamais. Malgré l'impression qu'elle me faisait,
je n'étais pas sans quelque dépit contr'elle. Il me
semblait qu'elle était complice du baron pour
me mystifier. Je croyais lire quelque chose d'iro-
nique dans le regard à demi voilé de la baronne.
Je me tins aussi loin d'elle que possible, et je
pris place entre deux militaires, avec qui je
trinquais à plein verre et coup sur coup. Au
dessert, un des convives se lève, et selon l'u-
sage du nord, porte la santé de la châtelaine.
Je ne sais quel dépit d'avoir été prévenu achève
de me troubler la cervelle. Je prends mon
verre, je le lève, et je reste immobile. —Eh bien,
que faites vous donc ? me dit un de mes voisins.
Je ne réponds pas, et je recommence à boire.
A la fin du repas, mon ivresse est si forte, que
je me sens obligé de sortir du château, malgré
l'orage qui grondait, et la neige qui tombait à
flocons pressés. Je me mets à courir à travers les bruyères, et le long du lac ; je courais,
je courais, et Dieu sait jusqu'où je serais allé,
si je ne m'étais entendu appeler par une voix

connue ; c'était celle du forestier-général de Rauhsitten. — Holà, mon cher monsieur, me criait ce brave homme, où courez-vous les pieds dans la neige, au risque d'attraper une fluxion de poitrine. Je vous cherche partout ; M. le justicier vous attend au château depuis deux grandes heures. Le souvenir de mon grand-oncle me rappela un peu à moi-même, et je suivis machinalement le guide qu'il avait envoyé à ma recherche. Rentré au château, je le trouvai fonctionnant gravement dans la salle d'audience. Je m'attendais à une mercuriale ; mais j'en fus quitte pour ces mots : — Cousin, tu as bien fait de prendre l'air pour aller cuver ton vin ; mais sois plus sage à l'avenir ; ces excès sont dangereux à ton âge. Songe d'ailleurs que nous partons demain.

A cette nouvelle, je faillis tomber de mon haut ; mais mon oncle tint parole, et depuis lors je n'ai jamais revu la baronne. Au retour, mon oncle eut un accès de goutte des plus violents. La maladie rendit son caractère morose et acariâtre. Malgré nos soins, et les remèdes, le mal ne faisait qu'empirer. Un matin, on vint m'appeler en toute hâte ; une crise plus violente que les autres avait mis mon grand-oncle aux portes du tombeau. Il était étendu sur son lit sans connaissance ; une de ses mains crispée serrait une lettre, où je reconnus l'écriture de

l'intendant des domaines de Rauhsitten. La
crainte de voir expirer à chaque instant ce bon
vieux parent, empêcha ma curiosité de s'éveiller. Enfin après de longues heures d'angoisse,
la force de tempérament du vieillard l'emporta ;
il reprit ses sens, et peu à peu il se rétablit de
sa grave maladie. Sa santé fut néanmoins si
fortement ébranlée, qu'elle ne se rétablit jamais
entièrement, et qu'il fut obligé de se démettre
de ses fonctions de justicier. Je perdis ainsi
toute occasion de revenir à Rauhsitten. Le malade ne voulait recevoir de soins que de moi,
et ne se plaisait qu'à ma conversation, quand
ses douleurs lui laissaient quelque répit, mais
jamais il ne parlait de Rauhsitten, et je n'osais
lui en rappeler moi-même le souvenir.

Les forces de mon grand-oncle revenaient
avec les beaux jours. Un soir, j'étais avec lui
sous les tilleuls de son jardin ; il me dit avec
gaîté : Cousin, je me sens plein de force, mais
je ne m'abuse pas sur l'avenir ; ce sont les lueurs
plus vives d'une lampe prête à s'éteindre. Mais
avant de mourir, j'ai à m'acquitter d'une dette
envers toi. Te rappelles-tu notre séjour à Rauhsitten ? Cette question me fit tressaillir ; mais
il continua, sans paraître s'en apercevoir : Sans
moi, cousin, tu aurais laissé grandir une passion naissante qui aurait pu te plonger dans un
abîme de malheur, si je ne t'avais entraîné à

temps loin de cette fatale demeure. Il existe,
sur les maîtres de ce château, une histoire
mystérieuse dans laquelle tu as failli être mêlé.
Aujourd'hui que ce danger est passé, je veux,
avant que la mort nous sépare, te révéler des
évènements étranges. L'occasion se présentera
peut-être d'en faire ton profit.

Voici ce que mon grand-oncle me raconta, en
parlant de lui-même à la troisième personne :

Pendant une nuit orageuse de l'année 176 --,
les habitants du château de Rauhsitten furent
éveillés en sursaut par une secousse semblable
à celle d'un tremblement de terre. Tout le monde se leva, et parcourut toutes les salles de ce
vaste domaine, sans trouver nulle part aucune
trace de démolition. Chacun rentra chez lui pour
reprendre son repos interrompu. Seul, le vieux
majordome Daniel, monta à la salle des chevaliers, où le baron Roderich de Rauhsitten se retirait pour se livrer avec ardeur à ses opérations
d'alchimie. Quelle ne fut pas son horreur, à la vue
de ce qui venait de se passer. Entre la porte de
la chambre de Roderich et celle d'un autre appartement, se trouvait une troisième porte qui
ouvrait sur un escalier, conduisant au sommet
du donjon où le baron avait fait construire un
laboratoire pour ses expériences. Au moment où

Daniel ouvrit cette porte, un coup de vent éteignit son flambeau ; des briques se détachèrent du mur, et tombèrent avec un bruit sourd comme dans un gouffre. Daniel se rejeta en arrière, et tombant à genoux : — Miséricorde ! s'écriat-il, notre bon maître a péri d'une mort terrible ! Ses cris rappelèrent les domestiques, et peu de temps après ils rapportèrent dans leurs bras le corps mutilé de leur maître. On le revêtit de ses habits les plus riches, et on l'exposa dans une chapelle ardente au milieu de la salle des chevaliers. On reconnut la cause de la mort du baron : la voûte du donjon s'était écroulée ; les pierres en se détachant avaient défoncé les planchers des étages inférieurs, de sorte qu'en ouvrant dans l'obscurité la porte de communication avec la grande salle, on ne pouvait mettre le pied dans le donjon, sans se précipiter d'une hauteur de plus de cent pieds dans l'abîme ouvert au fond de la tour.

Le vieux baron Roderich avait annoncé le jour de sa mort, à son fils aîné Wolfgang, qui devait hériter du majorat de Rauhsitten. Il avait reçu à Genève le message de son père, et s'était mis en route à l'instant. A son arrivée, le corps de son père étendu sur son lit funèbre lui apprit que ses craintes s'étaient réalisées. — Pauvre père, s'écria-t-il, en étudiant les mystères du monde d'en-haut, tu n'as pu apprendre la science qui conserve la vie !

Lorsque le vieux seigneur eut été déposé
dans le tombeau de ses ancêtres, son fils se fit
raconter par Daniel les détails de la chute du
donjon. Mais lorsque le majordome lui demanda ses ordres pour le faire réparer, — Non,
jamais, s'écria-t-il. Que m'importe cette vieille
demeure où mon père consumait en œuvres
de sorcellerie l'argent qui aurait dû me revenir
un jour ! Ce n'est point sans doute un accident
ordinaire qui a fait écrouler la voûte du donjon.
Mon père a péri victime de l'explosion de ses
cornues maudites où s'évaporait ma fortune. Je
ne donnerais pas un florin pour réparer cette
masure. Je préfère terminer le château qu'un
de mes ayeux a fait commencer dans la vallée.
— Mais, insista Daniel, que vont devenir les
anciens et fidèles serviteurs dont ce manoir
était l'asile ? Faudra-t-il qu'ils aillent mendier
leur pain ? — Qu'ai-je besoin de ces vieilles
gens ? dit l'héritier du majorat. Je donnerai à
chacun une gratification proportionnée à la durée de ses services. — Hélas, s'écria le majordome, faut-il qu'à mon âge on me renvoie de
cette maison, où j'espérais que mes os repo-
seraient en paix ! — Chien maudit, misérable
hypocrite, cria Wolfgang furieux en menaçant
Daniel de son poing, oses-tu bien espérer de
moi quelque faveur, après avoir secondé mon
père dans ces expériences, où le plus clair de

mon bien s'en allait chaque jour en fumée, toi
qui nourrissais dans le cœur de ce vieillard toutes les extravagances que l'avarice y excitait ! Je
ne sais qui me tient de te faire mourir sous le
bâton ! Daniel stupéfait se jeta aux genoux de
son nouveau maître, qui le repoussa rudement
du pied dans la poitrine, et le coucha par terre,
en lui jetant une bourse pleine d'or pour le payer
de ce mauvais traitement. Le vieux majordome
se releva avec peine, et s'en alla en chancelant,
en laissant la bourse à terre, et en lançant à la
dérobée sur son maître un regard où se pei-
gnaient la haine et la vengeance.

La première affaire de l'héritier du majorat
de Rauhsitten fut de compulser avec le justicier
Volker les titres qui en établissaient les revenus.
Il résulta de l'examen le plus minutieux, et de
l'état des valeurs trouvées, que le défunt baron
était bien loin d'avoir dépensé tous ses revenus.
On en conclut qu'il devait avoir de fortes sommes cachées quelque part, et on conjectura que
Daniel, qui était son confident, devait connaître
la cachette où était ce trésor. Le justicier se
chargea de faire parler Daniel, après avoir engagé le baron à ne pas s'en mêler. Ses premières
tentatives ne réussirent pas. Daniel se bornait
à répondre avec un rire sardonique : — Mon
Dieu, pourquoi tant de mystères pour quelques
écus ? On en trouvera bien assez dans le caveau

9

qui est attenant à la chambre de mon maître. Si
l'on en veut davantage, qu'on fouille sous les
décombres du donjon, c'est là qu'on trouvera
des trésors. Je crois qu'il y a assez d'or pour
acheter une province.

Conformément aux indications de Daniel, on
ouvrit le caveau, et l'on y trouva un coffre
plein d'or et d'argent monnayés, et de plus un
parchemin sur lequel le défunt seigneur avait
écrit son testament, daté de la nuit de Saint
Michel 176—. Il était ainsi conçu : « L'héritier
« du majorat de Rauhsitten trouvera ici cent
« cinquante mille ducats, dont ma volonté est
« qu'il se serve pour élever un phare pour
« éclairer toutes les nuits les voyageurs qui
« traversent le lac, à la place du donjon qu'il
« trouvera détruit. »

Le baron compta les ducats, et trouvant
exacte la somme indiquée sur le testament, il
témoigna à Daniel son regret de l'avoir mal-
traité : Tu as été un fidèle serviteur, lui dit il,
et pour te dédommager je t'autorise à puiser
dans ce coffre à pleines mains, je te confirme
dans tes fonctions de majordome, et je veux
qu'à ta mort tes os reposent en paix ici, suivant
ton désir. Daniel ne répondit que par un murmure sourd, et un regard, auquel le baron ne
fit point attention, occupé qu'il était à considérer les espèces, mais que l'avocat interpréta

ainsi : « C'est ton sang qu'il me faut, et non pas ton or, » quoique Daniel, comme un chien battu, se fût approché pour baiser la main de son maître en signe de reconnaissance.

Wolfgang ferma le coffre, et mit la clef dans sa poche. En sortant du caveau, il dit à Daniel, avec un front redevenu soucieux : — Serait-il bien difficile de retrouver les trésors enfouis sous les ruines du donjon ? Daniel sans répondre, ouvrit la porte qui conduisait autrefois au donjon : aussitôt la bise s'engouffrant par cette ouverture chassa une masse de neige dans la salle, et du fond de l'abîme une chouette s'éleva tout effrayée, et s'envola en poussant des cris lugubres. Le baron jeta un regard au fond du gouffre, et ne put s'empêcher de frémir à la vue de sa noire profondeur. Le justicier, de peur du vertige, tira Wolfgang en arrière et Daniel se hâta de fermer la porte, en disant : — Hélas ! là-bas sont ensevelis et brisés les instruments de la grande science de mon maître, des objets du plus haut prix ! — Mais, dit le baron, ne parlais-tu pas de trésor, de sommes considérables en espèces ? — Non, je n'entendais parler que des télescopes, des quarts-de-cercle, des creusets, des alambics, qui avaient coûté de fortes sommes. C'est tout ce que je sais. Il fut impossible d'obtenir d'autre réponse du majordome.

Joyeux d'avoir à sa disposition une somme

aussi considérable, le baron Wolfgang songea
sérieusement à achever la construction du nouveau château. Il en fit lui même les plans, ceux
des architectes ne lui ayant pas convenu, et il
payait libéralement les ouvriers pour que le travail fût vite et bien fait. Daniel paraissait avoir
oublié ses griefs contre le baron, et lui montrait le respect d'un serviteur fidèle.

Peu de temps après, un incident vint troubler la vie monotone des habitants du château
de Rauhsitten. Ce fut l'arrivée de Hubert, frère
puîné de Wolfgang. Celui-ci en parut désa-
gréablement impressionné. Il repoussa les embrassements de son frère, et le contraignit à
le suivre dans une chambre écartée où ils res-
tèrent enfermés plusieurs heures. Hubert en
sortit d'un air consterné, demanda son cheval,
et allait partir, lorsque le justicier Volker le
décida à retarder son départ, espérant amener
un raccommodement entre les deux frères.
Wolfgang se joignit à lui, et dit à son frère : —
J'espère que tu réfléchiras. Hubert parut calmé
par ces paroles, et se décida à rester.

Mon oncle étant monté vers le soir dans le
cabinet de Wolfgang, le trouva en proie à une
violente agitation. Il se promenait à grands
pas, comme un homme préoccupé d'une idée
fixe qui le tourmente : — Mon frère vient d'arriver, dit Wolfgang, et j'ai retrouvé en lui cette

aversion qui nous sépare depuis longues années.
Il me hait parce que je suis riche, et qu'il a pro-
digué la plus grande partie de sa fortune. Ses
dispositions sont des plus hostiles : il voudrait
me rendre responsable de ses folies. Je ne puis
ni ne veux lui céder la moindre partie des revenus du majorat. Mais, en bon frère, je lui aban-
donne ma moitié des revenus d'un vaste domaine
que mon père possédait en Courlande. Il en a
assez pour payer ses dettes, et tirer sa femme et
ses enfants de la gêne où les a réduits son in-
conduite. Il n'en est pas content. Il a appris,
je ne sais par quels sortilèges, l'existence des
cent cinquante mille ducats que nous avons
trouvés dans le caveau. Il prétend me forcer à
lui en donner la moitié. Que la foudre m'écrase,
si j'y consens. J'espère que Dieu me gardera
des mauvais desseins qu'il aurait contre moi.

Le justicier s'efforça de calmer l'irritation de
Wolfgang, en lui montrant sous un point de vue
moins défavorable la conduite de son frère, et
obtint de lui qu'il se prêterait à une transaction.
Hubert pressé par ses créanciers, acceptait les
offres de son frère, à la condition toutefois qu'il
lui compterait de suite quatre mille ducats, et
qu'il le laisserait passer quelques jours à Rauhsitten. Wolfgang consentit seulement à lui compter
deux mille ducats à titre de pur don, et pria son
frère de ne pas trop prolonger son séjour, à

cause de l'arrivée prochaine de sa femme. —
Je réfléchirai, dit Hubert, mais provisoirement
je suis ici, et je n'en bouge pas. Il ne pouvait se
faire ni à l'idée de recevoir en don ce qu'il regardait comme un droit, ni à celle de voir le
majorat entre les mains d'un frère privilégié par
son droit d'aînesse. Ainsi donc, disait-il, mon
frère me traite en mendiant ! Je ne l'oublierai
jamais, et il se repentira des conséquences de sa
conduite à mon égard.

Hubert s'installa dans une des ailes du vieux
château, passant le temps à la chasse, ou dans
une retraite absolue, évitant de rencontrer son
frère, et de tous les domestiques ne communi-
quant familièrement qu'avec Daniel. La vie
mystérieuse d'Hubert commençait à inspirer des
soupçons au justicier, lorsqu'un matin il le vit entrer chez lui. Il venait lui déclarer qu'il était prêt
à partir, et le chargeait de prier son frère de lui
remettre les deux mille pièces d'or convenues en
une lettre de change sur Isaac Lazarus, banquier
à Kœnigsberg, ville où il désirait se fixer. Il devait partir la nuit prochaine, et voyager à cheval. Wolfgang fut charmé de cette détermination,
et s'empressa de signer la lettre de change demandée.

La nuit suivante, vers minuit, le justicier
Volker fut éveillé en sursaut par un cri lamentable. Il prêta attentivement l'oreille, mais il

n'entendit plus rien. Il crut alors avoir fait un mauvais rêve, mais le besoin de calmer son agitation l'ayant fait mettre à la fenêtre pour respirer l'air froid, il vit la grille du château s'ouvrir en criant sur ses gonds rouillés. Daniel amena de l'écurie dans la cour un cheval sellé, un autre homme parut enveloppé de fourrures, c'était Hubert. Il s'entretint quelques instants avec le majordome, en faisant des gestes très animés, et rentra dans le château. Daniel ramena le cheval à l'écurie, ferma le plus doucement qu'il put la grille du portail, et se retira sans bruit. Ce départ non effectué fit naître toutes sortes de conjectures dans l'esprit du justicier. Il cherchait quels motifs avaient pu détourner Hubert de partir, et quelle connivence pouvait exister entre Daniel et lui, et produire des conséquences coupables. Toutes ses suppositions le conduisaient à entrevoir des projets criminels, et il sentait qu'il fallait une surveillance active et intelligente pour les déjouer. Daniel lui inspirait de graves soupçons. Le reste de la nuit s'écoula, pendant que Volker était livré à ces pénibles réflexions. Le point du jour avait paru, lorsque le sommeil qui commençait à le gagner fut interrompu par un grand bruit de voix confuses et de gens qui couraient en tout sens. On vint frapper à sa porte, et on lui annonça que le baron Wolfgang avait disparu, sans qu'on pût savoir ce qu'il était

devenu. Il s'était couché le soir à son heure habi.
tuelle, mais il avait dû se lever, passer sa robe
de chambre et prendre un flambeau, parce que
son lit était vide, et ces deux objets n'étaient pas
à leur place de la veille. Tout-à-coup une idée affreuse traverse l'esprit du justicier, il se souvient
et du cri lamentable qui l'avait réveillé, et des
mouvements nocturnes qu'il avait vus de sa fenêtre dans la cour. Il court dans la salle des chevaliers. Ses pressentiments ne l'ont pas trompé, la
porte du donjon est ouverte, l'avocat montre du
doigt l'abîme aux domestiques : — C'est là, dit-
il, que votre maître a été précipité cette nuit !
En effet, de dessous la couche de neige qui s'était
amoncelée pendant la nuit sortait un bras raidi
par la mort. On descendit dans l'abîme au moyen
d'échelles ajoutées les unes aux autres, et ce ne
fut qu'avec beaucoup de peines et de danger,
qu'on retira le cadavre du baron Wolfgang du
milieu des ruines. Tous ses membres étaient
brisés et disloqués horriblement par cette chute
épouvantable sur les angles des pierres amonce-
lées, mais il tenait encore dans ses mains cris-
pées le flambeau qui l'avait éclairé jusque là.

Hubert accouru des premiers laissa éclater
les signes d'une douleur sincère à la vue du
corps de son frère, qu'on retirait du gouffre,
et qu'on plaça sur la même table, au milieu
de la salle, où quelque temps auparavant on

avait déposé le corps du vieux Roderich. Hubert se jeta sur le corps de son frère, en s'écriant : — Dieu m'est témoin que je n'ai pas demandé de me venger aux êtres infernaux qui m'obsédaient ! Ces paroles mystérieuses n'échappèrent pas au justicier, dont les soupçons allaient jusqu'à attribuer à Hubert une responsabilité dans la catastrophe.

Quelques heures après, Hubert vint trouver le justicier dans la salle d'audience, et, s'étant assis dans un fauteuil de chêne, il lui dit d'une voix tremblante d'émotion : — J'étais l'ennemi de mon frère, irrité par cette loi injuste qui enrichit l'aîné de la famille au préjudice des autres enfants. Un malheur affreux a mis fin à ses jours. Je souhaite que le ciel n'ait pas ainsi châtié la dureté de son cœur. Me voici titulaire du majorat, je ne m'en réjouis pas : tout bonheur est fini pour moi dans ce monde. Je vous confirme dans tous les pouvoirs qui vous avaient été confiés par mon père et mon frère. Mes intérêts ne peuvent pas être en meilleures mains. Quant à moi, j'ai hâte de m'éloigner d'un lieu témoin d'un évènement si affreux. Il se leva, sortit de la salle, et deux heures après, il partit au galop pour Kœnigsberg.

On fit une enquête sur les causes de la mort du malheureux Wolfgang. La plupart supposaient qu'il s'était levé pour prendre quelque livre

9.

dans la bibliothèque, et qu'en proie à un demi-
sommeil, il s'était trompé de porte, et avait
ouvert celle qui donnait sur l'abîme. Mais cette
supposition manquait de fondement : la porte
en question était solidement fermée par des
verroux ; comment croire que l'erreur du baron
aurait pu persister devant cette résistance ?
Pendant que le justicier était absorbé dans ses
réflexions, Franz laissa échapper ces mots :
Ce n'est pas ainsi que le malheur est arrivé. On
eut beau le presser de questions, il refusa de
s'expliquer davantage. Le justicier seul réussit
à le faire parler : il ne voulut le faire que devant lui seul, et sous le sceau du secret. Il raconta à Volker que le défunt s'occupait souvent
des trésors, enfouis selon lui sous les décombres
du donjon. Il s'était fait remettre la clef de la
porte fatale par Daniel, et souvent, au milieu
de la nuit, il allait se pencher sur le gouffre,
pour rêver seul aux immenses richesses que
son avarice y supposait, et aux moyens de les
retrouver. Il était probable que dans une de
ces visites nocturnes, un vertige l'avait fait
tomber dans l'abîme. Daniel, plus impressionné
que personne par ce triste évènement, proposa
de murer cette porte, et son avis fut suivi sans
retard. Hubert se fixa dans ses domaines de
Courlande, chargea le justicier Volker d'admi-
nistrer les revenus du majorat qui avait passé

sur sa tête, abandonna la construction du nouveau château, et ne fit faire à l'ancien que les
réparations strictement nécessaires pour l'empêcher de tomber en ruines.

Plusieurs années s'étaient écoulées depuis la
mort funeste du baron Wolfgang lorsqu'un jour
Hubert arriva au château de Rauhsitten. C'était
au commencement de l'automne. Il eut de longs
entretiens avec le justicier, à qui il parla souvent
de sa mort prochaine, en ayant soin de lui dire
que son testament était déposé entre les mains
des magistrats de la ville de Kœnigsberg. Ses
pressentiments se réalisèrent. Son fils, qui portait le même nom que lui, vint aussitôt à Rauhsitten, prendre possession du majorat. Sa mère
et sa sœur l'accompagnaient. Ce jeune seigneur
paraissait avoir un caractère vicieux, et dès son
arrivée il fit naître généralement des sentiments
d'aversion. Il était prêt à tout bouleverser dans
ses domaines, lorsqu'il fut arrêté par le justicier,
qui, ne voulait pas obtempérer aux ordres de ce
jeune fou, avant d'avoir vu le testament de son
père, et connu l'étendue des droits qu'il conférait
à son héritier. Cette résistance inattendue de la
part d'un homme, que le jeune seigneur ne considérait que comme un premier valet, excita au
plus haut degré sa colère. Le justicier tint tête à
l'orage, et maintint courageusement l'inviolabili-
té que lui donnaient ses fonctions. Il alla même

jusqu'à intimer au jeune Hubert de quitter Rauhsitten, pour attendre le jour fixé pour l'ouverture
du testament.

Au bout de trois mois, les pièces déposées entre les mains des magistrats de Kœnigsberg furent décachetées en leur présence. Le justicier
avait avec lui, pour assister à cette ouverture,
un jeune homme de bonne mine, mais simplement vêtu, qu'on pouvait prendre pour son se-
crétaire. L'héritier présomptif du majorat se
présenta aussi d'un air arrogant, réclamant une
prompte lecture, et demandant qu'on ne perdît
pas le temps en vaines formalités.

Le défunt baron Hubert de Rauhsitten déclarait qu'il n'avait jamais possédé le majorat comme
titulaire véritable, mais seulement qu'il l'avait
géré dans l'intérêt du fils unique de son frère
Wolfgang. Cet enfant portait comme son grand
père le nom de Roderich, et lui seul était l'héritier légitime du majorat. Le testament déclarait
que ce fils était né du mariage qu'il avait con-
tracté secrètement, mais légitimement, à Genève
avec une demoiselle noble, mais sans fortune.
Son épouse étant morte au bout d'un an, il était
demeuré veuf avec ce fils unique, dont les droits
que lui donnait sa naissance étaient incontesta-
bles, et qui était donc le véritable héritier du
majorat. Il n'avait gardé le silence à ce sujet pendant toute sa vie, que pour se conformer à une

convention secrète faite entre lui et son frère
Wolfgang.

Lorsque le notaire eut achevé la lecture de
tous les articles du testament, le justicier
Volker se leva et présenta aux magistrats le
jeune homme qui était avec lui, comme le
baron Roderich de Rauhsitten, fils légitime de
Wolfgang de Rauhsitten, et héritier du majorat de Rauhsitten. A ces paroles, Hubert resta
un moment anéanti sur son siège, puis se levant furieux, il menaça convulsivement du
poing le jeune homme, et sortit de la salle en
proie à un vrai délire. A la demande des magistrats, le jeune Roderich produisit les titres
qui établissaient sa filiation, ainsi que des
lettres de son père et de sa mère. Mais sur les
titres Wolfgang avait pris la qualité de négociant, et le pseudonyme de De Born, et les
lettres n'étaient signées que de l'initiale W.,
quoiqu'on pût reconnaître aisément l'identité de
l'écriture. Les magistrats hésitèrent à se prononcer sur une question aussi grave, et se sé-
parèrent, après avoir ordonné une enquête
rigoureuse à ce sujet. Hubert adressa aux juges
une requête pour être mis immédiatement en
possession du majorat, attendu l'insuffisance des
preuves fournies par son adversaire. Il fut décidé
qu'il serait fait droit à sa demande, si dans un
bref délai le jeune prétendant à l'héritage n'avait

pas établi ses droits d'une manière incontes-
table.

Dans ce délai, le justicier Volker s'occupa
sérieusement à rechercher les preuves de la
vérité dans les papiers de Wolfgang de Rauhsitten. Établi au vieux château, il était plongé
dans la poussière des archives, lorsqu'un soir,
vers minuit, il fut tiré de son travail par un
bruit de pas qui montaient l'escalier, et par le
cliquetis d'un trousseau de clefs. Il se leva
et s'avança dans la grande salle voisine, dont
les murs étaient éclairés par les rayons bla-
fards de la lune. Une porte s'ouvrit, et il vit
entrer un homme à demi-vêtu, portant une
lanterne sourde, il s'avançait d'un pas chancelant, le visage pâle et défait. Volker reconnut Daniel. Il allait lui adresser la parole,
lorsqu'il vit que le majordome était en proie à
un accès de somnambulisme, car il marchait
les yeux fermés. Il le vit se diriger vers la
porte murée, tirer une clef du trousseau qui
était à sa ceinture, et gratter le mur en poussant des sons gutturaux et inarticulés. Ensuite
Daniel appliqua son oreille contre le mur, parut
écouter un instant, puis imposer silence de la
main à quelqu'un. Après cela, il se baissa pour
reprendre sa lanterne qu'il avait posée à terre,
et s'en retourna par où il était venu. Le justicier le suivit doucement : Daniel descendit

dans la cour, entra dans l'écurie, y sella un cheval, et l'amena dans la cour, resta quelques instants incliné comme un valet qui reçoit les ordres de son maître, ramena le cheval dans l'écurie, et remonta dans sa chambre, dont il eut soin de fermer la porte au verrou. Cette scène étrange rappela au justicier les soupçons qui lui avaient fait croire qu'un crime avait été commis dans le château, et que Daniel en avait été le témoin ou le complice.

Le jour suivant, Daniel étant venu chez le justicier pour quelques détails de son service, Volker lui prit les deux mains, et le faisant asseoir vis-à-vis de lui : — Mon vieux Daniel, lui dit-il, contez-moi un peu ce que vous pensez du procès qui s'est engagé entre Hubert et Roderich. — Hé ! que m'importe, répondit Daniel, lequel des deux sera le maître ici ? En parlant ainsi sa voix expirait sur ses lèvres. — Qu'avez-vous donc, Daniel, vous tremblez de tous vos membres ? on dirait que vous avez fait un crime. Il me semble que vous avez passé une mauvaise nuit. Au lieu de répondre, Daniel se leva avec effort, et voulut se retirer ; mais le justicier le força à se rasseoir, et lui dit d'un air sévère : — Restez, Daniel, et dites-moi tout de suite ce que vous avez fait la nuit dernière, ou plutôt expliquez-moi ce que j'ai vu. — Eh ! mon Dieu, qu'avez-vous vu ? demanda le vieillard

en frissonnant ? Le justicier raconta la scène
nocturne dont il avait été le témoin. En l'écoutant, le majordome s'enfonçait dans le grand
fauteuil où il était assis, cachant son visage
entre ses mains, pour dérober à l'œil perçant du
justicier l'émotion de ses traits. — Il paraît,
Daniel, poursuivit Volker, que l'envie vous
prend la nuit d'aller visiter les trésors que le
vieux Roderich avait amassés dans le donjon.
Dans leurs accès, les somnambules répondent
franchement aux questions qui leur sont faites :
la nuit prochaine, nous causerons ensemble de
certaines choses. Le trouble de Daniel allait
croissant à mesure que le justicier parlait ; à la
fin, il poussa un cri aigu, et s'évanouit. On le
porta dans son lit, il resta plusieurs heures sans
connaissance. A son réveil, il demanda à boire,
renvoya le domestique qu'on avait placé près de
lui, et s'enferma dans sa chambre.

La nuit suivante, pendant laquelle le justicier
se proposait de faire sur Daniel une épreuve
décisive, un bruit de vitres brisées se fit entendre. Le justicier se mit à la fenêtre, et vit une
fumée épaisse sortir de la chambre de Daniel.
On en avait forcé la porte pour sauver de l'incendie le vieillard, qu'on avait trouvé évanoui
sur le plancher. Sa lanterne brisée à côté de lui
avait mis le feu aux rideaux de son lit, et il
aurait été misérablement brûlé sans ces prompts

secours. La porte fermée par deux verrous n'avait cédé qu'avec peine, et montrait que Daniel avait voulu s'interdire de sortir, mais que l'instinct aveugle qui remplace la volonté chez les somnambules l'avait fait lever malgré lui. L'obstacle des verroux l'avait éveillé au milieu de la crise, sa lanterne échappée de ses mains avait mis le feu, et la frayeur l'avait fait évanouir. Cette secousse causa une longue et dangereuse maladie à Daniel, qui ne s'en releva que pour se traîner dans un état de langueur alarmant.

Un soir que le justicier était encore occupé à rechercher dans les archives des titres en faveur de Roderich son protégé, il vit paraître dans sa chambre Daniel, marchant à pas mesurés, comme un fantôme. Il se dirigea tout droit vers le bureau du justicier, y déposa un portefeuille de cuir noir, tomba à genoux, en s'écriant : — Il y a un juge au ciel ! puisse-t-il me laisser le temps de me repentir ! Il se leva, et sortit de la chambre à pas lents, comme il y était venu. Des papiers précieux étaient contenus dans ce portefeuille noir. Ils étaient tous écrits de la main du baron Wolfgang et revêtus de son sceau ; ils établissaient clairement la légitimité de son fils ; et racontaient l'histoire de son mariage secret. Ces preuves étaient si évidentes, qu'Hubert fut obligé de les reconnaître et de déclarer devant les juges qu'il se désistait de toute prétention à l'héritage de Wolfgang de Rauhsitten. Il quitta le pays, et passa en Russie où il prit du service. Après son départ, sa mère et sa sœur Séraphine se retirèrent dans leurs domaines de Courlande. Roderich s'y rendit plus tard, dans l'intention de demander en mariage la sœur d'Hubert, qui avait péri dans un combat entre les russes et les persans.

Le justicier Volker étant parti, après avoir fait reconnaître tous les droits de Roderich, le châ. teau de Rauhsitten ne fut habité pendant quelque temps que par des domestiques. Daniel était si malade, que ses fonctions de majordome furent données à Franz, dont le zèle et la fidélité méritaient bien cette récompense.

Le mariage entre Roderich et Séraphine devant mettre fin à tout sujet de division entre les deux familles, fut promptement conclu. Les fiançailles furent célébrées avec une grande pompe au château de Rauhsitten, au commencement de novembre. Le justicier Volker qui s'était attaché depuis nombre d'années aux seigneurs de ce lieu, avait choisi pour domicile l'ancienne chambre à coucher du vieux Roderich, afin, pensait-il, de mieux épier la conduite de Daniel.

Un soir que le baron Roderich et le justicier étaient assis devant une table couverte de papiers, et qu'ils étaient occupés à compulser des actes pour dresser l'état exact des revenus du domaine, le vent du nord mugissait avec furie au dehors, les sapins gémissaient et craquaient, et le grand feu qui brûlait dans la cheminée suffisait à peine pour contrebalancer les effets de l'air glacé qui entrait en sifflant par les jointures des fenêtres. — Quel temps épouvantable ! s'écriait le justicier. — Oui, oui, épouvantable, murmurait le baron, que rien n'avait pu jusqu'alors distraire de ses calculs.

En ce moment la tempête redoublait de furie. Le baron se leva pour juger de ses effets au dehors, mais à l'instant il retomba sur sa chaise, la bouche béante, les yeux fixés, la main tendue vers la porte qui venait de s'ouvrir pour donner passage à une figure livide et décharnée dont l'aspect aurait effrayé les plus courageux.

C'était Daniel.... Plus pâle que lui, le baron, en proie à l'émotion la plus violente en voyant le vieux majordome gratter à la porte murée, s'élança vers lui en criant : — Daniel ! Daniel ! que viens-tu faire ici à cette heure ? Daniel poussa un grand cri, et tomba à la renverse. On voulut le relever, il était mort. — Grand Dieu ! s'écria Roderich, de quel malheur ne suis-je pas la cause ? Les médecins ne disent-ils pas que pour tuer un somnambule il suffit de l'appeler par son nom pendant son accès d'hallucination ? — Ne vous reprochez pas la mort de cet homme, lui dit le justicier ; il a reçu sa juste punition ; c'était le meurtrier de votre père. — De mon père !...

— Oui, monseigneur ; c'est la main de Dieu qui l'a frappé par vos paroles. Votre saisissement à sa vue a été l'effet de la répulsion instinctive qu'inspire un scélérat. Les paroles que vous avez prononcées, et qui ont tué Daniel quand elles ont frappé ses oreilles, sont les dernières que les lèvres de votre infortuné père ont articulées.

Le justicier tira alors de son sein un écrit soigneusement cacheté et qui était tout entier de la main d'Hubert, frère de Wolfgang de Rauh-sitten, et le présenta à Roderich qui y vit tous les mystères de haine et de vengeance qui avaient amené tant de malheurs dans sa famille. Ces affreux sentiments étaient nés dans le cœur d'Hubert, le même qui était mort en Perse, du ressentiment que l'érection du majorat en faveur de son frère aîné avait provoqué, quand il se vit ainsi privé d'une portion considérable de l'héri-tage paternel. Depuis cette époque, Hubert, se-condé par Daniel, n'avait négligé aucune occasion de semer la discorde entre son père et son frère.

Le vieux Roderich voulait illustrer sa maison en mariant son fils aîné Wolfgang avec une demoiselle de la plus haute condition. Ses cal-culs astrologiques lui faisaient espérer le succès de ce plan, que rien n'aurait pu le décider à abandonner. La moindre opposition de la part de son fils aurait attiré sa malédiction. Cepen-dant Wolfgang, dans ses voyages, avait connu à Genève une demoiselle noble, mais sans fortune. L'attachement qu'elle lui avait inspiré était si vif, qu'il se décida à l'épouser ; mais il fut convenu que ce mariage resterait secret, aussi longtemps que Wolfgang n'aurait pas pu amener son père à l'approuver. Avant que Wolfgang eût revu son père, il avait reçu une lettre de lui par laquelle, pressentant sa mort prochaine d'après les prédictions des astres, il pressait son fils de venir en toute hâte auprès de lui. Nous avons vu que ses pressentiments s'étaient réalisés, et que son fils était arrivé trop tard.

Hubert étant venu à Rauhsitten pour régler les affaires de la succession paternelle avec son frère Wolfgang, celui-ci lui apprit son mariage secret, et sa joie de pouvoir annoncer à son épouse que celui qu'elle avait accepté pour époux sous le nom du négociant *De Born*, était un descendant de l'illustre maison de Rauhsitten, et un riche et puissant seigneur. Il allait partir bientôt pour amener sa femme et son fils dans ses domaines, lorsque sa mort violente l'en empêcha, ainsi qu'on l'a vu. Par cette mort, Hubert se trouvait possesseur du majorat, et s'empressait de faire valoir ses droits, qui étaient bien plus clairs que ceux du fils de son frère. Mais le fonds de loyauté qui vivait au fond de son cœur excita ses remords. Un fatal événement augmenta encore en lui la crainte des jugements célestes. Il avait deux fils, âgés l'un de douze ans et l'autre de onze, qui donnaient des signes continuels de mésintelligence. Un jour l'aîné dit au cadet : — Tu n'es qu'un misérable ; un jour je serai le seigneur du château de Rauhsitten, et il te faudra venir me demander de quoi acheter un habit neuf. Irrité de ces paroles, le cadet frappa son frère d'un coup de couteau, dont les suites furent mortelles. Hubert, frappé de ce malheur, envoya le fils qui lui restait à St. Pétersbourg, et plus tard il le fit enrôler sous les ordres de Suwarow. Dévoré de chagrins et de remords, il envoyait des secours d'argent pour l'entretien du jeune fils de Wolfgang, en se cachant sous le nom d'un parent de De Born. Quant à la mort de Wolfgang elle demeura longtemps un affreux mystère, entrevu seulement par les accès de somnambulisme de Daniel. Il fallait l'aveu d'Hubert pour l'expliquer.

Voici ce qui était arrivé. Dans la nuit fixée pour le départ d'Hubert, Daniel l'avait retenu au moment où il allait monter à cheval, en lui disant qu'il ne fallait pas abandonner ainsi ce magnifique héritage à l'avarice de son frère : — Mais que faire ? Si un coup dirigé sur lui pendant une chasse et qu'on pourrait attribuer à un accident.... — Quelle imprudence ! Etes-vous décidé à rentrer dans la possession de ce domaine, sans qu'on puisse vous rendre responsable des moyens ? — Oui, à tout prix, dit Hubert d'une voix sourde. — Eh ! bien, vous êtes chez vous, Seigneur de Rauhsitten, le ci-devant baron est mort cette nuit, en se brisant le corps sur les ruines du donjon !

Le crime avait été commis de cette manière : Daniel, excité par l'esprit de vengeance et par l'avarice, qui lui faisait espérer de riches présents du nouveau baron, avait remarqué que chaque nuit Wolfgang venait méditer au bord de l'abîme dont il a été parlé si souvent. Lorsqu'il apprit le prochain départ d'Hubert, il vint une nuit se poster dans un angle de la salle des chevaliers, épiant le moment où Wolfgang viendrait faire sa méditation accoutumée, et lorsque le baron avait ouvert la porte qui ouvrait sur le gouffre, Daniel l'y avait précipité en le poussant par les épaules !

Ces horribles révélations rendirent le séjour de ce château odieux à Roderich, et il n'y venait qu'à l'époque des chasses d'automne. Franz, le nouveau majordome, disait qu'on voyait souvent la nuit, quand la lune était pleine, l'ombre de Daniel errer dans les salles et les corridors du château.

Tel fut le récit de mon oncle le justicier. Je lui fis quelques questions sur la baronne, épouse de Roderich. — Hélas ! me répondit-il, elle aussi

a subi le sort fatal qui pèse sur cette famille.
Quelques mois après que nous eûmes quitté le
château, elle fut renversée de son traîneau et
sa tête se brisa sur des rochers. Le baron est
inconsolable de sa perte. Cousin, nous ne re-
tournerons jamais à Rauhsitten. Les larmes
étouffèrent les dernières paroles de mon oncle,
et je le quittai le cœur navré. La mort nous l'en.
leva bientôt.

Bien des années après, revenant de Saint Pétersbourg je voulus revoir ces lieux désolés.
J'arrivai de nuit dans le village, et je vis un
grand feu briller au sommet du rocher sur lequel avait été bâti le vieux manoir. Un paysan
que j'interrogeai me dit que c'était la lumière
d'un phare qui avait été construit avec les pierres du château démoli. Il ajouta que tout était
désert alentour, qu'on voyait souvent des ombres
blanchâtres se poursuivre au milieu des décombres avec des cris lamentables. Je m'éloignai le
cœur serré et poursuivi par les plus pénibles
souvenirs.

LES GANTS DU DIABLE

d'après Uhland

—

Un jeune gentilhomme de la Forêt Noire était redouté de tout son voisinage. Son passe-temps était de chevaucher la nuit sur les grandes routes, et de lever des contributions sur les voyageurs et les marchands attardés. Son nom était Rechberger, et son occupation, qu'on qualifierait aujourd'hui d'un nom flétrissant, n'était pas sans exemple au moyen âge, époque où les guerres continuelles que les petits seigneurs se faisaient entr'eux les avaient habitués à faire peu de cas de la vie des hommes, et à respecter encore moins leurs propriétés.

Une nuit Rechberger, s'était éloigné plus que d'habitude du vieux château, bâti au sommet d'un rocher escarpé, qui lui servait de demeure, et d'où il guettait sa proie comme l'aigle, du haut de son aire. Il avait en vain battu le grand

10

chemin, pas un pauvre colporteur, pas un frère quêteur, pas le moindre pélerin ne s'était trouvé sur ses pas pour lui payer le tribut qu'il exigeait de ceux qui traversaient ses domaines. Fatigué d'une longue course, il entra dans une église déserte et à demi-ruinée, pour s'y reposer quelques heures, et en repartir pour de nouveaux exploits.

Il savait que vers le milieu de la nuit un convoi richement chargé devait passer par là. A minuit, il remonte à cheval accompagné de son écuyer. Après avoir chevauché quelque temps, le chevalier s'aperçoit qu'il n'a pas ses gants.

— Cours, dit-il, à son écuyer, va les chercher dans l'église : je les ai laissés sur le tombeau où je me suis reposé.

L'écuyer obéit, non sans hésiter : mais bientôt après il revient tout pâle : — Que le diable aille chercher vos gants, dit-il à son maître. Un esprit est assis sur le tombeau ; mes cheveux se dressent encore sur ma tête à ce souvenir. Il a pris les gants, et il les regarde avec des yeux de feu ; il les ploie et les déploie. Les membres m'en tremblent encore.

Alors le chevalier retourne en toute hâte à l'église, et sur le refus de l'esprit de lui rendre ses gants, il le provoque au combat, se mesure avec lui, le défait et lui reprend ses gants.

Alors l'esprit, fâché de se voir privé de sa

trouvaille, lui dit : — Puisque tu ne veux pas
me laisser en propre cette paire de gants si
jolis et si souples, au moins prête-les-moi pour
un an.

— Pour un an ? je te les prête volontiers, je
mettrai ainsi à l'épreuve la bonne foi du diable.
D'ailleurs tes pattes sèches ne rempliront pas ces
gants et ne les crèveront pas.

Rechberger remonte fièrement à cheval, et
sort de l'église; il chevauche avec son écuyer dans
le bois, pensant au convoi qu'il doit attaquer.

Au moment où le coq chantait, il entend le
bruit des pas de plusieurs chevaux. Comptant
sur une proie facile, il s'approche de la route,
mais au lieu du convoi qu'il guettait, il voit s'a-
vancer un noir cortège de cavaliers masqués. Le
cœur lui bat bien fort, et bien loin de leur chercher querelle, il se range pour les laisser passer.

Derrière cette troupe, trottait seul un cavalier
qui tenait par la bride, un cheval noir, tout
sellé, et caparaçonné de noir, mais ne portant
personne. Curieux de savoir à qui était destiné
ce beau coursier, si tristement paré, Rechberger
s'approche de l'écuyer qui le tenait par la bride
et lui dit : — Brave écuyer, voudrais-tu me dire
pour qui est ce cheval sans cavalier ?

— Il est destiné au plus fidèle serviteur de mon
maître, à celui qui fait les actions qui lui plai-
sent le plus, au chevalier Rechberger. Il mon-

tera ce cheval, et dans un an ce cheval l'empor-
tera et sera la cause de sa mort.

Après avoir dit ces paroles, l'écuyer noir qui
s'était arrêté pour répondre, repartit au galop,
pour rejoindre ses compagnons, et bientôt le
funèbre cortége disparut aux regards de Rechberger, qui était demeuré tout pensif sur le bord
de la route. Enfin il dit à son écuyer : — Malheur
à moi ! les choses ne vont pas bien pour moi. Je
descends de cheval. Si tu te sens la force de con-
duire mon cheval, si mon armure n'est pas trop
pesante pour toi, prends-les et sers-t'en pour la
gloire de Dieu, et non pour réjouir le diable.
Pour moi, je vais consacrer les jours qui me restent à faire pénitence des crimes que j'ai commis.

L'aurore avait à peine paru, que Rechberger
alla frapper à la porte d'un couvent, et demanda
à parler à l'abbé : — Seigneur abbé, lui dit-il,
je suis un trop grand criminel pour oser m'offrir
à vous pour devenir un de vos religieux ; mais
ne refusez pas de me recevoir pour servir ici en
qualité de frère.

— Tu as été chevalier, lui dit l'abbé ; je le
vois à tes éperons. Je consens à te recevoir, et
je te confie le soin des chevaux qui sont dans
l'écurie du monastère.

Rechberger accepta avec une humble reconnaissance les fonctions si basses qu'on lui donnait ; il n'avait qu'une pensée ; c'était de laver

ses crimes par une sincère pénitence. Il s'en
acquitta avec soin, sans regret de sa condition
passée, et passant en prières tout le temps où
il n'était pas occupé.

Enfin l'année s'écoula. Le jour même où elle
finissait, on vint offrir un cheval à l'abbé qui
l'acheta. Il était entièrement noir, et excessive-
ment farouche. L'abbé chargea Rechberger de le
dompter. L'obéissance et le souvenir de son
ancien état lui font accepter avec plaisir cette
mission périlleuse, et il s'élance en croupe. Le
cheval qui paraissait n'avoir jamais senti de cavalier se dresse sur ses pieds de derrière, puis re-
tombe brusquement sur ceux de devant ; il blan-
chit le mors de son écume, secoue sa tête avec violence, se jette à droite, et puis à gauche, lance des
ruades furieuses, enfin fait les plus grands efforts
pour jeter à terre son cavalier. Mais celui-ci reste
ferme en selle, suit avec son corps tous les
mouvements du cheval, comme s'il ne faisait
qu'un avec lui. Lassé de cette lutte désespérée,
le coursier semblait prêt à se soumettre à la main
puissante qui le maîtrisait, lorsque faisant une
tentative suprême pour s'y soustraire, il rejeta
sa tête en arrière, et frappant en plein la poitrine de son cavalier, il le renversa, vomissant
des flots de sang. Libre de tout frein, le cheval
partit comme un trait, s'enfonça dans les bois,
et jamais plus on ne le revit.

10.

Rechberger expira presqu'aussitôt et fut enterré dans la vieille église où il avait passé la
nuit un an auparavant. Au coup de minuit, un
écuyer tout vêtu de noir arriva auprès de son
tombeau, tenant par la bride un cheval noir.
Une paire de gants pendait au pommeau de la
selle. Rechberger sort de son tombeau, et s'en
servant comme d'un marche-pied, il met le pied
à l'étrier que l'écuyer lui présente humblement,
il s'élance en selle, prend les gants, les met à
ses mains, saisit les rênes, et excitant le cheval,
il part comme un éclair et disparaît.

TRILBY

OU LE LUTIN D'ARGAIL

FRAGMENTS

par Charles Nodier

Il n'y a personne parmi vous, mes chers amis, qui n'ait entendu parler des *drows* de Thulé et des *elfs* ou lutins familiers de l'Écosse, et qui ne sache qu'il y a peu de maisons rustiques dans ces contrées qui ne comptent un follet parmi leurs hôtes. C'est d'ailleurs un démon plus malicieux que méchant et plus espiègle que malicieux, quelquefois bizarre et mutin, souvent doux et serviable, qui a toutes les bonnes qualités et tous les défauts d'un enfant mal élevé. Il fréquente rarement la demeure des grands et les fermes opulentes qui réunissent un grand nombre de serviteurs ; une destination plus modeste lie sa vie mystérieuse à la cabane du pâtre ou

du bûcheron. Là , mille fois plus joyeux que les
brillants parasites de la fortune, il se joue à
contrarier les vieilles femmes qui médisent de
lui dans leurs veillées , ou à troubler de rêves
incompréhensibles , mais gracieux , le sommeil
des jeunes filles. Il se plaît particulièrement
dans les étables , et il aime à traire pendant la
nuit les vaches et les chèvres du hameau , afin
de jouir de la douce surprise des bergères
matinales , quand elles arrivent dès le point
du jour , et ne peuvent comprendre par quelle
merveille les jattes rangées avec ordre regor-
gent de si bonne heure d'un lait écumeux et
appétissant ; ou bien il caracole sur les chevaux qui hennissent de joie, roule dans ses
doigts les longs anneaux de leurs crins flottants , lustre leur croupe polie , ou lave d'une
eau pure comme le cristal leurs jambes fines
et nerveuses. Pendant l'hiver , il préfère à tout
les environs de l'âtre domestique et les pans
couverts de suie de la cheminée , où il fait son
habitation dans les fentes de la muraille , à
côté de la cellule harmonieuse du grillon.
Combien de fois n'a-t-on pas vu Trilby , le
joli lutin de la chaumière de Dougal , sautil-
ler sur le rebord des pierres calcinées avec son
petit *tartan* de feu et son *plaid* ondoyant couleur
de fumée , en essayant de saisir au passage les
étincelles qui jaillissaient des tisons et qui mon-

taient en gerbe brillante au-dessus du foyer !
Trilby était le plus jeune, le plus galant, le plus
mignon des follets. Vous auriez parcouru l'Écosse
entière, depuis l'embouchure du Solway jusqu'au détroit de Pentland, sans en trouver un
seul qui pût lui disputer l'avantage de l'esprit et
de la gentillesse. On ne racontait de lui que des
choses aimables et des caprices ingénieux. Les
châtelaines d'Argail et de Lennox en étaient si
éprises, que plusieurs d'entre elles se mouraient
du regret de ne pas posséder dans leurs palais
le lutin qui avait enchanté leurs songes, et le
vieux laird de Lutha aurait sacrifié, pour pouvoir l'offrir à sa noble épouse, jusqu'au claymore
rouillé d'Archibald, ornement gothique de sa
salle d'armes ; mais Trilby se souciait peu du
claymore d'Archibald, et des palais et des châtelaines. Il n'eût pas abandonné la chaumière
de Dougal pour l'empire du monde, car il s'é-
tait attaché à Jeannie, la batelière du lac Beau.

. . . .

Quand Jeannie, de retour du lac, avait vu
s'égarer au loin, s'enfoncer dans une anse profonde, se cacher derrière un cap avancé, pâlir
dans les brumes de l'eau et du ciel la lumière
errante du bateau voyageur qui portait son mari
et les espérances d'une pêche heureuse, elle
regardait encore du seuil de la maison, puis
rentrait en soupirant, attisait les charbons à

demi blanchis par la cendre, et faisait pirouet-
ter son fuseau de cytise en fredonnant le cantique de saint Dunstan, ou la ballade du revenant
d'Aberfoïl, et dès que ses paupières, appesanties
par le sommeil, commençaient à voiler ses yeux
fatigués, Trilby, qu'enhardissait l'assoupisse-
ment de sa bien-aimée, sautait légèrement de
son trou, bondissait avec une joie d'enfant dans
les flammes, en faisant sauter autour de lui un
nuage de paillettes de feu, se rapprochait plus
timide de la fileuse endormie, et quelquefois
rassuré par le souffle égal qui s'exhalait de ses
lèvres à intervalles mesurés, s'avançait, reculait, revenait encore, s'élançait jusqu'à ses
genoux en les effleurant comme un papillon de
nuit du battement muet de ses ailes invisibles,
allait caresser sa joue, se rouler dans les bou-
cles de ses cheveux, se suspendre, sans y
peser, aux anneaux d'or de ses oreilles........

Pendant que Jeannie, assise à l'angle du foyer,
racontait à son mari les séductions du follet
malicieux, qu'on se représente la colère de
Trilby, et son inquiétude, et ses terreurs ! Les
tisons lançaient des flammes blanches qui dansaient sur eux sans les toucher ; les charbons
étincelaient de petites aigrettes pétillantes, le
farfadet se roulait dans une cendre enflammée
et la faisait voler autour de lui en tourbillons
ardents. « Voilà qui est bien, dit le pêcheur.

« J'ai passé ce soir le vieux Ronald , le moine
« centenaire de Balva , qui lit couramment dans
« les livres d'église , et qui n'a pas pardonné
« aux lutins d'Argail les dégâts qu'ils ont faits
« l'an dernier dans son presbytère. Il n'y a que
« lui qui puisse nous débarrasser de cet ensorcelé
« de Trilby , et le reléguer jusque dans les ro-
« chers d'Inisfail , d'où nous viennent ces mé-
« chants esprits. »

. . . .

A peine le follet avait quitté le seuil de la chaumière de Dougal , Jeannie sentit amèrement que
l'absence du pauvre Trilby en avait fait une profonde solitude. Ses chansons de la veillée n'é-
taient plus entendues de personne , et certaine
de ne confier leurs refrains qu'à des murailles
insensibles, elle ne chantait que par distraction
ou dans les rares moments où il lui arrivait de
penser que Trilby , plus puissant que la Clavi-
cule et le Rituel , avait peut-être déjoué les exor-
cismes du vieux moine et les sévères arrêts de
Salomon. Alors l'œil fixé sur l'âtre, elle cherchait à discerner , dans les figures bizarres que
la cendre dessine en sombres compartiments sur
la fournaise éblouissante, quelques-uns des traits
que son imagination avait prêtés à Trilby ; elle
n'apercevait qu'une ombre sans forme et sans
vie qui rompait çà et là l'uniformité du rouge
enflammé du foyer, et se dissipait à la moin-

dre agitation de la touffe de bruyères sèches
qu'elle faisait siffler devant le feu pour le
ranimer.

. . . .

Dougal, lui-même, était devenu inquiet et
rêveur. Il y a des priviléges attachés aux maisons qu'habitent les follets ! Elles sont préser-
vées des accidents de l'orage et des ravages de
l'incendie, car le lutin attentif n'oublie jamais,
quand tout le monde est livré au repos, de faire
sa ronde nocturne autour du domaine hospita-
lier qui lui donne un asile contre le froid des
hivers. Il resserre les chaumes du toit à mesure
qu'un vent obstiné les divise, ou bien il fait
rentrer dans ses gonds ébranlés une porte agitée
par la tempête. Obligé à nourrir pour lui la chaleur agréable du foyer, il détourne de temps en
temps la cendre qui s'amoncèle ; il ranime d'un
souffle léger une étincelle qui s'étend peu à peu
sur un charbon prêt à s'éteindre, et finit par
embraser toute sa noire surface. Il ne lui en
faut pas davantage pour se réchauffer ; mais il
paie généreusement le loyer de ce bienfait, en
veillant à ce qu'une flamme furtive ne vienne
pas à se développer pendant le sommeil insou-
ciant de ses hôtes ; il interroge du regard tous
les recoins du manoir, toutes les fentes de la
cheminée antique ; il retourne le fourrage dans
la crèche, la paille sur la litière ; et sa sollici-

tude ne se borne pas aux soins de l'étable ; il protège aussi les habitants pacifiques de la basse-cour et de la volière, auxquels la Providence n'a donné que des cris pour se plaindre, et qu'elle a laissés sans armes pour se défendre. Souvent le chatpard, altéré de sang, qui était descendu des montagnes en amortissant sur les mousses discrètes son pas qui les foule à peine, en contenant son miaulement de tigre, en voilant ses yeux ardents qui brillent dans la nuit comme des lumières errantes ; souvent la martre voyageuse qui tombe inattendue sur sa proie, qui la saisit sans la blesser, l'enveloppe comme une coquette d'embrassements gracieux, l'enivre de parfums enchanteurs et lui imprime sur le cou un baiser qui donne la mort ; souvent le renard même a été trouvé sans vie à côté du nid tranquille des oiseaux nouveau-nés, tandis qu'une mère immobile dormait la tête cachée sous l'aile, en rêvant à l'heureuse histoire de sa couvée tout éclose, où il n'a pas manqué un seul œuf. Enfin l'aisance de Dougal avait été fort augmentée par la pêche de ces jolis poissons bleus qui ne se laissaient prendre que dans ses filets ; et depuis le départ de Trilby, les poissons bleus avaient disparu.

. . . .

Le lendemain d'un jour où la batelière avait conduit jusque vers le golfe de Clyde la famille

11

du laird de Roseneiss, elle retournait vers l'extrémité du lac Long à la merci de la marée qui faisait siller son bateau à une égale distance des syrtes d'Argail et de Lennox, sans qu'elle eût besoin de recourir au jeu fatigant de ses rames ; debout sur la barge étroite et mobile, elle livrait aux vents ses longs cheveux noirs dont elle était si fière, et son cou d'une blancheur que le soleil avait faiblement nuancé sans la flétrir s'élevait avec un éclat singulier au-dessus de sa robe rouge des manufactures d'Ayr. Son pied nu, imposé sur un des côtés du frêle bâtiment, lui imprimait à peine un balancement léger qui repoussait et rappelait la vague agitée, et l'onde excitée par cette résistance presque insensible revenait bouillonnante, s'élevait en blanchissant jusqu'au pied de Jeannie, et roulait autour de lui son écume fugitive. La saison était encore rigoureuse, mais la température s'était insensiblement adoucie depuis quelque temps, et la journée paraissait à Jeannie une des plus belles dont elle eût conservé le souvenir. Les vapeurs qui s'élèvent ordinairement sur le lac, et s'étendent au-devant des montagnes sous la forme d'un rideau de crêpe, avaient peu à peu élargi les losanges flottantes de leurs réseaux de brouillards. Celles que le soleil n'avait pas encore tout-à-fait dissipées se berçaient sur l'occident comme une trame d'or tissue par les fées du lac,

pour l'ornement de leurs fêtes. D'autres étincelaient de points isolés, mobiles, éblouissants
comme des paillettes semées sur un fond transparent de couleurs merveilleuses. C'était de petits nuages humides où l'oranger, le jonquille,
le vert pâle, luttaient suivant les accidents d'un
rayon ou le caprice de l'air contre l'azur, le
pourpre et le violet. A l'évanouissement d'une
brume errante, à la disparition d'une côte abandonnée par le courant, et dont l'abaissement subit laissait un libre passage à quelque vent de
travers, tout se confondait dans une nuance indéfinissable et sans nom qui étonnait l'esprit
d'une sensation si nouvelle qu'on aurait pu s'imaginer qu'on venait d'acquérir un sens; et pendant
ce temps là, les décorations variées du rivage se
succédaient sous les yeux de la voyageuse. Il y
avait des coupoles immenses qui couraient au-
devant d'elle en brisant sur leurs flancs circu-
laires tous les traits du soleil couchant, les unes
éclatantes comme le cristal, les autres d'un gris
mat et presque effacé comme le fer, les plus
éloignées à l'ouest cernées à leur sommet d'au-
réoles d'un rose vif qui descendaient en pâlissant
peu à peu sur les flancs glacés de la montagne,
et venaient expirer à sa base dans les ténèbres
faiblement colorées qui participaient à peine du
crépuscule. Il y avait des caps d'un noir sombre
qu'on aurait pris de loin pour des écueils inévi-

tables, mais qui reculaient tout à coup devant
la proue, et découvraient de larges baies favorables aux nautonniers. L'écueil redouté fuyait, et
s'embellissait après lui de la sécurité d'une heureuse navigation. Jeannie avait vu de loin les
barques errantes des pêcheurs renommés du lac
Goyle. Elle avait jeté un regard sur les fabriques
fragiles de Portincaple. Elle contemplait encore
avec une émotion qui se renouvelait chaque jour
sans s'affaiblir cette foule de sommets qui se pour-
suivent, qui se pressent, qui se confondent, ou
ne se détachent les uns des autres que par des
effets inattendus de lumière, surtout dans la saison où disparaissent sous le voile monotone des
neiges, et la soie argentée des sphaignes, et la
marbrure foncée des granits, et les écailles na-
crées des rescifs. Elle avait cru reconnaître à sa
gauche, tant le ciel était transparent et pur, les
dômes du Ben-More et du Ben-Neathan ; à sa
droite, la pointe âpre du Ben-Lomond se distin-
guait par quelques saillies obscures que la neige
n'avait pas couvertes, et qui hérissaient de crêtes
foncées la tête chauve du roi des montagnes. Le
dernier plan de ce tableau rappelait à Jeannie
une tradition fort répandue dans ce pays, et que
son esprit plus disposé aux émotions vives et
aux idées merveilleuses se retraçait alors sous un
aspect nouveau. A la pointe même du lac, monte
vers le ciel la masse énorme du Ben Arthur,

surmontée de deux noirs rochers de basalte dont
l'un paraît penché sur l'autre comme l'ouvrier
sur le socle où il a déposé les matériaux de son
travail journalier. Ces pierres colossales furent
apportées des cavernes de la montagne sur laquelle régnait Arthur le géant, quand des hommes audacieux vinrent élever aux bords du Forth
les murailles d'Édimbourg. Arthur, banni de ses
hautes solitudes par la science d'un peuple téméraire, fit un pas jusqu'à l'extrémité du lac Long,
et imposa sur la plus haute montagne qui s'offrit
devant lui les ruines de son palais sauvage. Assis
sur un de ses rochers et la tête appuyée sur l'autre, il tournait des regards furieux sur les remparts impies qui usurpaient ses domaines, et qui
le séparaient pour toujours du bonheur et même
de l'espérance ; car on dit qu'il avait aimé sans
succès la reine mystérieuse de ces rivages, une
de ces fées que les anciens appelaient des nymphes, et qui habitent des grottes enchantées où
l'on marche sur des tapis de fleurs marines, à la
clarté des perles et des escarboucles de l'Océan.
Malheur au bateau aventureux qui effleurait en
courant la surface du lac immobile, quand la
longue figure du géant, vague comme une vapeur du soir, s'élevait tout à coup entre les deux
rochers de la montagne, appuyait ses pieds dif-
formes sur leurs sommets inégaux, et se balançait
au gré des vents en étendant sur l'horizon des

bras ténébreux et flottants qui finissaient par
l'embrasser d'une large ceinture. A peine son
manteau de nuages avait mouillé ses derniers
plis dans le lac, un éclair jaillissait des yeux redoutables du fantôme, un mugissement pareil à
la foudre grondait dans sa voix terrible, et les
eaux bondissantes allaient ravager leurs bords.
Son apparition redoutée des pêcheurs avait rendu déserte la rade si riche et si gracieuse d'Ar-
roqhar, quand un pauvre ermite, dont le nom
s'est perdu, arriva un jour des mers orageuses
d'Irlande, seul, mais invisiblement escorté d'un
esprit de foi et d'un esprit de charité, sur une
barque poussée par une puissance irrésistible, et
qui sillonnait les vagues soulevées sans prendre
part à leur agitation, quoique le saint prêtre eût
dédaigné le secours de la rame et du gouvernail.
A genoux sur le frêle esquif, il tenait dans ses
mains une croix, et regardait le ciel. Parvenu
près du terme de sa navigation, il se leva avec
dignité, laissa tomber quelques gouttes d'eau
consacrée sur les vagues furieuses, et adressa au
géant du lac des paroles tirées d'une langue in-
connue. On croit qu'il lui ordonnait, au nom
des premiers compagnons du Sauveur, qui étaient
des pêcheurs et des bateliers, de rendre aux pêcheurs et aux bateliers du lac Long l'empire
paisible des eaux que la Providence leur avait
données. Au même instant du moins le spectre

menaçant se dissipa en flocons légers comme
ceux que le souffle du matin roule sur l'onde
invisible, et qu'on prendrait de loin pour un
nuage d'édredon enlevé au nid des grands oiseaux
qui habitent ses rivages. Le golfe entier aplanit
sa vaste surface ; les flots mêmes qui s'élevaient
en blanchissant contre la plage ne redescendirent
point ; ils perdirent leur fluidité sans perdre
leur forme et leur aspect, et l'œil encore trompé
aux contours arrondis, aux mouvements ondu-
leux, au ton bleuâtre et frappé de reflets chan-
geants des brisants écailleux qui hérissent la
côte, les prend de loin pour des bancs d'écume
dont il attend toujours le retour impossible. Puis
le saint vieillard tira sa barque sur la grève,
dans l'espérance peut-être qu'elle y serait retrouvée par le pauvre montagnard, pressa de ses
bras enlacés le crucifix sur sa poitrine, et gravit
d'un pas ferme le sentier du rocher jusqu'à la
cellule que les anges lui avaient bâtie à côté de
l'aire inaccessible de l'aigle blanc. Plusieurs
anachorètes le suivirent dans ces solitudes, et se
répandirent lentement en pieuses colonies dans
les campagnes voisines. Telle fut l'origine du
monastère de Balva, et sans doute celle du tribut
que s'était longtemps imposée envers les religieux
de ce couvent la reconnaissance trop vite oubliée
des chefs du clan des Mac-Farlane...........

Cependant les ombres d'une nuit si précoce,

dans une saison où tout le règne du jour s'accomplit en quelques heures, commençaient à remonter du lac, à gravir les hauteurs qui l'enveloppent, à voiler les sommets les plus élevés La lassitude, le froid, l'exercice d'une longue contemplation ou d'une réflexion sérieuse, avaient abbatu les forces de Jeannie, et, assise dans un épuisement inexplicable à la poupe de son bateau, elle le laissait dériver du côté des boulingrins d'Argail vers la maison de Dougal, en dormant à demi, quand une voix partie de la rive opposée lui annonça un voyageur. La pitié seule qu'inspire un homme égaré sur une côte où n'habitent pas sa femme et ses enfants, qui va leur laisser compter beaucoup d'heures d'attente et d'angoisses, dans l'espérance toujours déçue de son retour, si l'oreille du batelier se ferme par hasard à sa prière ; cet intérêt que les femmes surtout portent à un proscrit, à un infirme, à un enfant abandonné, pouvait seul forcer Jeannie à lutter contre le sommeil dont elle était accablée, pour retourner sa proue, depuis si longtemps battue des eaux, vers les joncs marins qui bordent le long golfe des montagnes. « Qui aurait pu le contraindre « à traverser le lac à cette heure, disait-elle, si « ce n'était le besoin d'éviter un ennemi, ou de « rejoindre un ami qui l'attend ? Oh ! que ceux « qui attendent ce qu'ils aiment ne soient jamais « trompés dans leur espérance ; qu'ils obtien-« nent ce qu'ils ont désiré!... »

Et les lames si larges et si paisibles se multi-
pliaient sous la rame de Jeannie, qui les frappait
comme un fléau. Les cris continuaient à se faire
entendre, mais tellement grêles et cassés, qu'ils
ressemblaient plutôt à la plainte d'un fantôme
qu'à la voix d'une créature humaine, et la paupière de Jeannie, soulevée avec effort du côté du
rivage, ne lui dévoilait qu'un horizon sombre
dont rien de vivant n'animait la profonde im-
mobilité. Si elle avait cru apercevoir d'abord
une figure penchée sur le lac, et qui étendait
contre elle des bras suppliants, elle n'avait pas
tardé à reconnaître dans le prétendu étranger une souche morte qui balançait sous le
poids des frimats deux branches desséchées.
S'il lui avait semblé un instant qu'elle voyait
circuler une ombre à peu de distance de son
bateau, parmi les brumes tout-à-fait descendues,
c'était la sienne que la dernière lumière du crépuscule horizontal peignait sur le rideau flottant,
et qui se confondait de plus en plus avec les
immenses ténèbres de la nuit. Sa rame, enfin,
frappait déjà les fûts sifflants des roseaux du rivage, quand elle en vit sortir un vieillard si
courbé sous le poids des ans, qu'on aurait dit
que sa tête appesantie cherchait un appui sur
ses genoux, et qui ne maintenait l'équilibre de
son corps chancelant qu'en se confiant à un jonc
fragile qui cependant le supportait sans fléchir ;

11.

car ce vieillard était nain, et le plus petit, selon
toute apparence, qu'on eût jamais vu en Écosse.
L'étonnement de Jeannie redoubla, lorsque tout
caduc qu'il paraissait, il s'élança légèrement
dans la barque, et prit place en face de la batelière, d'une manière qui ne manquait ni de souplesse ni de grâce.

« Mon père, lui dit-elle, je ne vous demande
« point où vous vous proposez de vous rendre,
« car le but de votre voyage doit être trop éloi-
« gné pour que vous puissiez espérer d'y arriver
« cette nuit.

—Vous êtes dans l'erreur, ma fille, lui répon-
« dit-il : je n'en ai jamais été aussi près, et depuis
« que je suis dans cette barque, il me semble
« que je n'ai plus rien à désirer pour y parvenir,
« même quand une glace éternelle la saisirait
« tout à coup au milieu du golfe. »

. . . .

Et en parlant ainsi, le follet s'était dépouillé
du travestissement bizarre qu'il avait emprunté
la veille aux Shoupeltins du Shetland. Il abandonnait au cours de la marée ses cheveux de
chanvre et sa barbe de mousse blanche, son collier varié d'algue et de criste marine qui se rat-
tachait d'espace en espace à des coquillages de
toutes couleurs, et sa ceinture enlevée à l'écorce
argentée du bouleau. Ce n'était plus que l'esprit
vagabond du foyer.

. . . .

Au détour d'un petit promontoire qui lui avait caché un moment le reste du lac, la barque de Jeannie se trouva si près de la barque de Dougal que, malgré l'obscurité, il aurait infailliblement remarqué Trilby, si le lutin ne s'était précipité dans les flots à l'instant même où le pêcheur préoccupé y laissait tomber son filet. — « En voici bien d'une autre, dit-il en le retirant, et en dégageant de ses mailles une boîte d'une forme élégante et d'une matière précieuse qu'il crut reconnaître à sa blancheur si éclatante et à son poli si doux pour de l'ivoire incrusté de quelque métal brillant, et enrichi de grosses escarboucles orientales, dont la nuit ne faisait qu'augmenter la splendeur. « Imagine-toi, Jeannie,
« que depuis le matin je ne cesse de remplir mes
« filets des plus beaux poissons bleus que j'aie
« jamais pêchés dans le lac; et, pour surcroît
« de bonne fortune, je viens d'en retirer un tré-
« sor ; car si j'en juge par le poids de cette boîte
« et par la magnificence de ses ornements, elle
« ne contient rien moins que la couronne du roi
« des îles, ou les joyaux de Salomon. Empresse-
« toi donc de la porter à la chaumière, et reviens
« en hâte vider nos filets dans le réservoir de la
« rade, car il ne faut pas négliger les petits pro-
« fits, et la fortune que Saint-Colombain m'en-
« voie ne me fera jamais oublier que je suis né
« un simple pêcheur. »

La batelière fut longtemps sans pouvoir se rendre compte de ses idées. Il lui semblait qu'un nuage flottait devant ses yeux et obscurcissait sa pensée, ou que, transportée d'illusion en illusion par un songe inquiet, elle subissait le poids du sommeil et de l'accablement au point de ne pouvoir se réveiller. En arrivant à la chaumière, elle commença par déposer la boîte avec précaution, puis s'approcha du foyer, détourna la cendre encore ardente, et s'étonna de trouver des charbons enflammés comme à la veillée d'une fête. Le grillon chantait de joie sur le bord de sa grotte domestique, et la flamme vola vers la lampe qui tremblait dans la main de Jeannie, avec tant de rapidité que la chambre en fut subitement éclairée. Jeannie pensa d'abord que sa paupière était frappée enfin à la suite d'un long rêve, par la clarté du matin ; mais ce n'était pas cela. Les charbons étincelaient comme auparavant ; le grillon joyeux chantait toujours, et la boîte mystérieuse se trouvait toujours à l'endroit où elle venait d'être placée, avec ses compartiments de vermeil, ses chaînes de perles et ses rosaces de rubis. « Je ne dormais pas, dit Jean- « nie ! — Je ne dormais pas ! »

. . . .

LES TÉNÈBRES

par **Lord Byron**

J'eus un rêve qui n'était pas tout-à-fait un rêve.
Le soleil s'était éteint, et les astres privés de lumière erraient au hasard à travers l'immensité
de l'espace. La terre glacée et comme aveugle
se balançait dans une atmosphère ténébreuse
que n'éclairait plus la clarté de la lune. Le matin arriva, s'écoula, revint encore, mais il n'ame-
nait plus le jour.

Dans cette désolation affreuse, les hommes
oublièrent leurs passions. Tous les cœurs glacés
d'effroi ne soupiraient qu'après la lumière. On
allumait de grands feux, et l'on y passait tous
ses instants. Les trônes, les palais des rois, les
chaumières, les huttes du pauvre, tout fut brûlé pour servir de signaux. Les cités furent con-
sumées, et les habitants, rassemblés autour de
leurs demeures enflammées, cherchaient à se
regarder encore une fois. Heureux ceux qui* vi-

vaient auprès des volcans et des montagnes brû-
lantes.

Une espérance mêlée de terreur ; tel était le
sentiment universel. On mit le feu aux forêts ;
mais d'heure en heure elles se réduisaient en
cendres. Les troncs d'arbres tombaient avec un
dernier craquement, s'éteignaient et tout rentrait
dans une obscurité profonde. Le front des hu-
mains éclairé par ces flammes mourantes avait
un aspect étrange. Les uns étaient prosternés,
cachaient leurs yeux et répandaient des pleurs ;
les autres reposaient leurs têtes sur les mains
jointes, et s'efforçaient de sourire ; ceux-ci
couraient çà et là, cherchant de quoi entretenir
leurs bûchers funèbres. Ils regardaient avec une
sombre inquiétude le firmament obscurci qui
semblait un drap mortuaire jeté sur le cadavre
du monde ; puis ils se roulaient dans la poussière, grinçaient des dents, blasphémaient et poussaient des hurlements.

Les oiseaux de proie faisaient entendre des
cris lugubres, et voltigeaient sur la terre en agitant leurs ailes inutiles. Les bêtes les plus féro-
ces devenaient timides et tremblantes. Les vipè-
res rampaient et s'entrelaçaient au milieu de la
foule ; elles sifflaient, mais leur venin était sans
force ; on les tua pour s'en nourrir.

La guerre qui avait un moment cessé, renâ-
quit avec toutes ses horreurs. On acheta sa nour-

riture avec du sang, et chacun, assis à l'écart,
se repaissait de sa proie. L'amour n'existait plus ;
il n'y avait plus qu'une pensée sur la terre, celle
de la mort... et d'une mort prochaine et sans
gloire. La faim, de sa dent cruelle, déchirait les
entrailles. Les hommes mouraient, et leurs corps
gisaient privés de sépulture. Des cadavres ambulants dévoraient les cadavres qui avaient vécu.
Les chiens eux-mêmes assaillirent leurs maîtres,
un seul excepté qui demeura fidèle au corps du
sien et le défendit contre les oiseaux, les animaux
et les hommes, jusqu'à ce que la faim les eût fait
périr. Il ne chercha pas sa nourriture, mais lé-
chant la main qui ne pouvait plus lui rendre ses
caresses, il poussait des cris lamentables et
continuels, et il mourut enfin.

La famine fit périr peu à peu tout le genre humain. Deux habitants d'une grande cité survé-
curent seuls : c'étaient deux ennemis. Ils se
rencontrèrent auprès d'un autel sur lequel finissaient de brûler quelques tisons qui avaient
consumé une foule d'objets sacrés destinés à un
usage profane. Ils agitèrent en frissonnant les
cendres chaudes avec leurs mains froides et
décharnées ; de leur faible souffle, ils essayèrent
de ranimer les charbons presque éteints, et pro-
duisirent une légère flamme. Cette lueur passa-
gère attira leurs regards, et en levant les yeux,
ils aperçurent leurs visages ; à cette vue, ils

poussèrent un cri et moururent de l'effroi de
leur laideur mutuelle, ne sachant lequel des deux
la famine avait réduit à l'état d'un spectre.

Le monde n'était plus qu'un grand vide ; la
réunion des contrées populeuses et florissantes
ne fut plus qu'une masse, sans saisons, sans verdure, sans arbres, sans hommes, sans vie, empire de la mort, chaos de la matière. Les rivières,
les lacs, l'océan demeurèrent immobiles ; rien
ne troubla le silence de leurs profondeurs. Les
navires sans matelots pourrirent sur la mer ;
leurs mâts tombèrent en pièces, mais sans faire
rejaillir l'onde par leur chûte. Les vagues étaient
mortes ; elles étaient comme ensevelies dans un
tombeau ; la lune qui les agitait autrefois avait
cessé d'être. Les vents s'étaient flétris dans l'air
stagnant, les nuages s'étaient évanouis ; les ténèbres n'avaient plus besoin de leur secours, elles
étaient tout l'univers.

LES VAMPIRES

par Ch. Nodier

Il y a vingt-quatre ans que je voyageais en Ba-
vière avec un jeune peintre italien dont j'avais
fait la rencontre à Munich. Sa société convenait
à mon imagination de ce temps-là, parce qu'il se
trouvait une douloureuse conformité entre nos
sentiments et nos infortunes. Il avait perdu quelque temps auparavant une femme qu'il aimait,
et les circonstances de cet évènement, qu'il m'a
souvent racontées, étaient de nature à lui laisser
une impression ineffaçable. Cette jeune fille qui
s'était obstinée à le suivre dans les misères d'une
cruelle proscription, et à lui déguiser l'altération
de ses forces, finit par céder, dans une des haltes
de leurs nuits vagabondes, à l'excès d'une fatigue parvenue à ce point où elle n'aspire qu'au
repos de la mort. Le pain leur manquait depuis
deux jours, quand ils découvrirent un trou de
roche où se cacher. Elle se jeta sur son cœur

quand ils furent assis, et il sembla qu'elle lui
disait : « Mange-moi si tu as faim. — Mais il
avait perdu connaissance ; et quand il lui revint
assez de forces pour la presser dans ses bras, il
trouva qu'elle était morte. Alors il se leva, la chargea sur ses épaules, et la porta jusqu'au cimetière
du premier village, où il lui creusa une fosse
qu'il couvrit de terre et d'herbes, et sur laquelle
il planta une croix composée de son bâton, qu'il
avait traversé de son épée. Après cela, il ne fut
pas difficile à prendre, car il ne bougeait plus.
— Quelqu'un de ces événements si communs
alors lui rendit la liberté : le bonheur, c'était
fini.

Mon compagnon de voyage, qui ne conservait
à vingt-deux ans que les linéaments d'une belle
et noble figure, était d'une extrême maigreur,
peut-être parce qu'il mangeait à peine pour se
soutenir. Il était pâle, et sous son épiderme un
peu basané, la pâleur de l'Italien est livide.
L'activité de sa vie morale semblait s'être réfu-
giée tout entière dans deux yeux d'un bleu transparent et bizarre, qui scintillaient avec une
puissance inexprimable entre deux paupières
rouges, dont les larmes avaient, selon toute apparence, dévoré les cils, car ses sourcils étaient
d'ailleurs très-beaux.

Comme nous nous étions avoué l'un à l'autre
que nous étions sujets au cauchemar ; nous avions

pris l'habitude de coucher dans deux chambres
voisines, pour pouvoir nous éveiller réciproque-
ment, au bruit d'un de ces cris lamentables qui
tiennent plus, comme je le disais tout à l'heure,
de la bête fauve que de l'homme. Seulement il
avait toujours exigé que je fermasse la porte de
mon côté ; et j'attribuais cette précaution à l'habitude inquiète et soupçonneuse d'un malheureux
qui a été long-temps menacé dans sa liberté, et
qui jouit depuis peu du bonheur de se remettre
à la garde d'un ami. Un soir, nous n'eûmes qu'une
chambre et qu'un lit pour deux. L'hôtellerie
était pleine. Il reçut cette nouvelle d'un front
plus soucieux que de coutume ; et quand nous
fûmes dans le galetas qui nous était assigné, il
divisa les matelas de manière à en faire deux
lits, délicatesse dont je me serais peut-être avi-
sé, et qui ne me choqua point. Ensuite il s'élança sur le sien, et me jetant un paquet de cordes
dont il s'était muni : — Viens me lier les pieds
et les mains, me dit-il avec l'expression d'un désespoir amer, ou brûle-moi la cervelle.

Je raconte, je ne fais pas un épisode de roman
fantastique ; je ne rapporterai pas ma réponse
et les détails d'un entretien de cette nature : on
les devinera. —

— L'infortunée qui m'a dit de la manger
pour soutenir ma vie, s'écria-t-il, en se renver-
sant avec horreur et en couvrant ses yeux de ses

mains . . , il n'y a pas une nuit que je ne la déterre et que je ne la dévore dans mes songes. . .; pas une nuit où les accès de mon exécrable somnambulisme ne me fassent chercher l'endroit où je l'ai laissée, quand le démon qui me tourmente ne me livre pas son cadavre ! juge maintenant si tu peux coucher près de moi, près d'un vampire !...

Il serait plus cruel pour moi que pour le lecteur d'arrêter son attention sur ce récit. Ce que je puis faire, c'est d'attester sur l'honneur que tout ce qu'il a d'essentiel est exactement vrai : qu'il n'y a pas même ici cette broderie du prosateur, qui accroît les dimensions de l'idée en la couvrant de paroles, et que, si j'y ai modifié quelque chose, ce n'est pas ce qui contrarie une vaine hypothèse, abandonnée comme elle le mérite, aux amateurs d'hypothèses ; mais ce qui en aggraverait l'affreuse réalité par des détails que la plume ne peut écrire.

Cinq ans plus tard, j'abordais aux frontières des Morlaques, avec un ardent désir de connaître ce peuple si curieux et si spécial, que ma destinée, toujours opposée, ne m'a pas permis de voir comme je l'aurais voulu. Je n'avais jamais raconté mon anecdote, parce que je la regardais comme une anomalie effrayante, et peut-être unique, dans la bizarre histoire de l'intelligence humaine. Quand j'eus passé les frontières de la

Croatie, je m'étonnai d'apprendre que cette pré-
tendue anomalie était, sur toute la face d'une
grande province, une maladie endémique.

Il n'y a guère de hameaux des Morlaques où
l'on ne compte plusieurs *vukodlacks*, et il y en
a certains où le *vukodlack* se retrouve dans presque toutes les familles, comme le saint ou le
crétin des vallées alpines. Ici, la maladie n'est
pas compliquée par une infirmité dégradante qui
altère le principe même de la raison dans ses facultés les plus vulgaires. Le *vukodlack* éveillé subit toute l'horreur de sa perception ; il la redoute
et la déteste, comme mon peintre italien ; il se
débat contre elle avec fureur ; il recourt pour
s'y soustraire aux remèdes de la médecine, aux
prières de la religion, à la section d'un muscle,
à l'amputation d'une jambe, au suicide quelquefois ; il exige qu'à sa mort, ses enfants traversent
son cœur d'un pieu et le clouent à la planche du
cercueil, pour affranchir son cadavre, dans le
sommeil de la mort, de l'instinct criminel du
sommeil de l'homme vivant. Le *vukodlack* est
d'ailleurs un homme de bien, souvent l'exemple
et le conseil de sa tribu, souvent son juge ou son
poëte. A travers la sombre tristesse que lui im-
pose la perception de souvenir et de pressenti-
ment de sa vie nocturne, vous devinez une âme
tendre, hospitalière, généreuse, qui ne demande qu'à aimer. Il faut que le soleil se couche,

il faut que la nuit imprime un sceau de plomb sur les paupières du pauvre *vukodlack*, pour qu'il aille gratter de ses ongles la fosse d'un mort, ou inquiéter les veilles de la nourrice qui dort au berceau d'un nouveau-né; car le *vukodlack* est vampire, et les efforts de la science et les cérémonies de l'église ne peuvent rien à son mal. La mort ne l'en guérit point, tant qu'il a conservé dans le cercueil quelque symptôme de la vie; et comme sa conscience, torturée par l'illusion d'un crime involontaire, se repose alors pour la première fois, il n'est pas surprenant qu'on l'ait trouvé souvent frais et riant sous la tombe : l'infortuné n'avait jamais dormi sans rêver !

Presque toujours cette aberration mentale se borne à l'illusion intuitive du malheureux qui l'éprouve. Elle a pu aussi s'accomplir dans toutes ses circonstances, car il ne fallait pour cela que le concours du cauchemar et du somnambulisme. Là commence le domaine de la philosophie médicale, qui n'a pas remarqué deux faits bien essentiels que je regarde comme certains : — Le premier, c'est que la perception d'un acte extraordinaire, qui n'est pas familier à notre nature, se convertit facilement en rêves; — le second, c'est que la perception d'un rêve souvent répété se convertit facilement en actes, surtout quand elle agit sur un être débile et irritable.

. . . .

Je descends de ces hauteurs, où la société royale de médecine ne me pardonnerait pas de m'être élevé, si le bruit de mon existence pou· vait parvenir jusqu'à elle, et je retourne à mes histoires. En voici une que Fortis racontait dans son *Voyage en Dalmatie*, une dizaine d'années avant ma naissance, et que je retrouvai, qua- rante ans plus tard, assez différente de la sien · ne en quelques points de détails, pour que je dusse imaginer qu'elle s'était reproduite plus d'une fois. — Les sorcières ou les *vjèstize* du pays, plus raffinées que les *vukodlachs* dans leurs abominables festins, cherchent à se repaître du cœur des jeunes gens qui commencent à aimer, et à le manger rôti sur une braise ardente Un fiancé de vingt ans qu'elles entouraient de leurs embûches, et qui s'était souvent réveillé à pro- pos, au moment où elles commençaient à son- der sa poitrine du regard et de la main, s'avisa, pour leur échapper, d'assister son sommeil de la compagnie d'un vieux prêtre, qui n'avait jamais entendu parler de ces redoutables mystères, et qui ne pensait pas que Dieu permît de sembla- bles forfaits aux ennemis de l'homme. Celui-ci s'endormit donc paisible, après quelques exorcis- mes dans la chambre du malade qu'il avait mis- sion de défendre contre le démon ; mais le som- meil était à peine descendu sur ses paupières

qu'il crut voir les *ujèstise* planer sur l'oreiller de
son ami, s'ébattre et s'accroupir autour de lui
avec un rire féroce, fouiller dans son sein déchiré, en arracher leur proie et la dévorer avec avidité, après s'être disputé ses lambeaux sur des
réchauds flamboyants. Pour lui, des liens impossibles à rompre le retenaient immobile sur sa
couche, et il s'efforçait en vain de pousser des
cris d'horreur qui expiraient sur ses lèvres, pendant que les sorcières continuaient à le fasciner
d'un œil affreux, en essuyant de leurs cheveux
blancs leurs bouches toutes sanglantes. Lorsqu'il
s'éveilla, il n'aperçut plus que son compagnon,
qui descendit du lit en chancelant, essaya quelques pas mal assurés, et vint tomber froid, pâle
et mort à ses pieds, parce qu'il n'avait plus de
cœur. Ces deux hommes avaient fait le même
rêve, à la suite d'une perception prolongée dans
leurs entretiens, et ce qui tuait l'un, l'autre l'a-
vait vu Voilà ce qui en est de notre raison abandonnée aux idées du sommeil.

Il n'y a personne en lisant cela, si on le lit, et
après l'avoir vérifié, aux pages 64 et 65 du *Voyage*
de Fortis, dans l'édition italienne, qui ne se rap-
pelle que la même histoire fait le sujet du premier
livre d'Apulée, qui n'était probablement connu
ni du pauvre Morlaque, ni du vieux prêtre. Ce
n'est pas tout : cette histoire d'Apulée qui ressemble à certaines histoires d'Homère, est rapportée

dans Pline comme particulière aux peuples de la
Basse-Mysie et aux Esclavons, dont je parle ; et
Pline s'appuie, à son sujet, du témoignage d'Isi-
gone. Le fameux voyageur Pietro della Valle l'a
retrouvée aux frontières orientales de la Perse ;
elle a fait le tour du globe et des siècles.

12

LE SONGE DE JEAN PAUL

traduit par Mme de Staël

Je risquerai la traduction d'un morceau très bizarre, mais qui sert à faire connaître le génie de Jean Paul. Bayle a dit quelque part que *l'athéisme ne devrait pas mettre à l'abri de la crainte des souffrances éternelles :* c'est une grande pensée, et sur laquelle on peut réfléchir longtemps. Le songe de Jean Paul, que je vais citer, peut être considéré comme cette pensée mise en action.

La vision dont il s'agit ressemble un peu au délire de la fièvre, et doit être jugée comme telle. Sous tout autre rapport que celui de l'imagination, elle serait singulièrement attaquable.

« Le but de cette fiction, dit Jean Paul, en excusera la hardiesse. Si mon cœur était jamais assez malheureux, assez desséché pour que tous les sentiments qui affirment l'existence d'un

Dieu y fussent anéantis, je relirais ces pages ;
j'en serais ébranlé profondément, et j'y retrouve-
rais mon salut et ma foi. Quelques hommes
nient l'existence de Dieu avec autant d'indiffé-
rence que d'autres l'admettent ; et tel y a cru
pendant vingt années, qui n'a rencontré que
dans la vingt-unième, la minute solennelle, où
il a découvert avec ravissement le riche apanage
de cette croyance, la chaleur vivifiante de cette
fontaine de naphte.

« Lorsque, dans l'enfance, on nous raconte
que vers minuit, à l'heure où le sommeil atteint
notre âme de si près, les songes deviennent plus
sinistres, les morts se relèvent, et, dans les égli-
ses solitaires, contrefont les pieuses pratiques
des vivants, la mort nous effraie à cause des morts.
Quand l'obscurité s'approche, nous détournons
nos regards de l'église et de ses noirs vitraux ;
les terreurs de l'enfance, plus encore que ses
plaisirs, reprennent des ailes pour voltiger autour de nous pendant la nuit légère de l'âme
assoupie. Ah ! n'éteignez pas ces étincelles ; lai-
sez-nous nos songes, même les plus sombres.
Ils sont encore plus doux que notre existence
actuelle ; ils nous ramènent à cet âge où le fleu-
ve de la vie réfléchit encore le ciel.

« Un soir d'été, j'étais couché sur le sommet
d'une colline, je m'y endormis, et je rêvai que
je me réveillais au milieu de la nuit dans un ci-

metière. L'horloge sonnait onze heures. Toutes
les tombes étaient entr'ouvertes, et les portes de
l'église, agitées par une main invisible, s'ouvraient
et se refermaient à grand bruit. Je voyais sur les
murs s'enfuir des ombres, qui n'y étaient proje-
tées par aucun corps : d'autres ombres livides
s'élevaient dans les airs, et les enfants seuls reposaient encore dans leurs cercueils. Il y avait dans
le ciel comme un nuage grisâtre, lourd, étouf-
fant, qu'un fantôme gigantesque serrait et pressait
à longs plis. Au dessus de moi j'entendais la chute
lointaine des avalanches, et sous mes pas la première commotion d'un vaste tremblement de
terre. Toute l'église vacillait, et l'air était ébranlé par des sons déchirans qui cherchaient vaine-
ment à s'accorder. Quelques pâles éclairs jetaient
une lueur sombre. Je me sentis poussé par la
terreur même, à chercher un abri dans le temple : deux basilics étincelants étaient placés devant ses portes redoutables.

« J'avançai parmi la foule des ombres inconnues, sur qui le sceau des vieux siècles était im-
primé ; toutes ces ombres se pressaient autour
de l'autel dépouillé, et leur poitrine seule respi-
rait et s'agitait avec violence ; un mort seulement,
qui depuis peu était enterré dans l'église, reposait
sur son linceul ; il n'y avait point encore de
battement dans son sein, et un songe heureux
faisait sourire son visage ; mais à l'approche d'un

vivant il s'éveilla, cessa de sourire, ouvrit avec un pénible effort ses paupières engourdies ; la place de l'œil était vide, et à celle du cœur il n'y avait qu'une profonde blessure ; il souleva ses mains, les joignit pour prier ; mais ses bras s'allongèrent, se détachèrent du corps, et les mains jointes tombèrent à terre.

« Au haut de la voûte de l'église était le cadran de l'éternité ; on n'y voyait ni chiffres ni aiguilles, mais une main noire en faisait le tour avec lenteur, et les morts s'efforçaient d'y lire le temps.

« Alors descendit des hauts lieux sur l'autel une figure rayonnante, noble, élevée, et qui portait l'empreinte d'une impérissable douleur ; les morts s'écrièrent : — O Christ ! n'est-il point de Dieu ? — il répondit : — il n'en est point. — Toutes les ombres se prirent à trembler avec violence, et le Christ continua ainsi : — J'ai parcouru les mondes, je me suis élevé au-dessus des soleils, et là aussi il n'est point de Dieu ; je suis descendu jusqu'aux dernières limites de l'univers, j'ai regardé dans l'abîme et je me suis écrié : — Père, où es-tu ? — mais je n'ai entendu que la pluie qui tombait goutte à goutte dans l'abîme, et l'éternelle tempête, que nul ordre ne régit, m'a seule répondu. Relevant ensuite mes regards vers la voûte des cieux, je n'y ai trouvé qu'un orbite vide, noir et sans fond. L'éternité repo-

sait sur le chaos et le rongeait et se dévorait lentement elle-même : redoublez vos plaintes amères
et déchirantes ; que des cris aigus dispersent les
ombres, car c'en est fait. —

« Les ombres désolées s'évanouirent comme
la vapeur blanchâtre que le froid a condensée ;
l'église fut bientôt déserte ; mais tout à coup,
spectacle affreux, les enfants morts qui s'étaient
réveillés à leur tour dans le cimetière, accouru-
rent et se prosternèrent devant la figure majes-
tueuse qui était sur l'autel, et dirent : —Jésus,
n'avons-nous pas de père ? — et il répondit avec
un torrent de larmes : —Nous sommes tous or-
phelins, vous et moi nous n'avons point de père.
—A ces mots, le temple et les enfants s'abîmèrent,
et tout l'édifice du monde s'écroula devant moi
dans son immensité. »

Je n'ajouterai point de réflexions à ce morceau,
dont l'effet dépend absolument du genre d'ima-
tion des lecteurs. Le sombre talent qui s'y manifeste m'a frappée, et il me paraît beau de transporter ainsi au delà de la tombe l'horrible effroi
que doit éprouver la créature privée de Dieu.

FIN.

TABLE

FIN DE LA TABLE.

Imprimerie d'Amédée CHAILLOT, à Avignon. — 1864.